EL
LATIDO
DE TU
STARTUP

Miguel Arias

EL
LATIDO
DE TU
STARTUP

**Mitos, hitos y ritos que dan forma
al sistema operativo de tu compañía**

ANAYA
MULTIMEDIA

Primera edición: mayo 2026

Textos: © Miguel Arias, 2026
Prólogo: © Iñaki Berenguer
Retrato de Miguel Arias: © Jesús Umbría
Capturas de CARTO cedidas por CARTO DB Inc.

© EDICIONES ANAYA MULTIMEDIA (GRUPO ANAYA), 2026
Calle Valentín Beato, 21
28037 Madrid

PAPEL DE FIBRA
CERTIFICADA

ISBN: 978-84-415-5300-2
Depósito legal: M-4520-2026
Impreso en España

A todas mis tribus

CONTENIDOS

PRÓLOGO

Conozco a Miguel Arias desde hace más de diez años y, con el tiempo, se ha convertido en uno de mis mejores amigos. Miguel es una de esas personas a las que recurro cuando quiero contrastar una idea, compartir una reflexión sobre algo que he leído recientemente en el mundo de la innovación o pedir opinión y consejo sobre mis startups. A veces, es un tema profesional complejo; otras, decisiones más personales. Siempre con la tranquilidad de saber que me va a responder con honestidad, con principios e integridad y con una forma de pensar estructurada. Escucha de verdad y es capaz de articular puntos de vista sólidos incluso cuando no coinciden con los tuyos, lo que hace que hablar con él casi siempre te ayude a pensar mejor.

Nos conocimos en 2014, en un momento muy concreto de nuestras vidas y también del ecosistema emprendedor español. Yo llevaba casi quince años fuera de España, los últimos seis viviendo en Nueva York. Había fundado mi primera startup tecnológica, Pixable, nada más graduarme del MIT en Boston, la había vendido en 2012 y estaba construyendo mi segunda compañía, Contactive, que había fundado a principios de 2013. En ambos casos, había levantado capital de fondos de *venture capital* estadounidenses, así que conocía bien el ecosistema de Estados Unidos y, en particular, el de Nueva York.

En aquel momento, Nueva York se estaba consolidando como el segundo gran polo mundial de innovación y *venture capital*, por detrás de Silicon Valley. Además, se estaba convirtiendo en el lugar natural para muchas startups europeas e israelíes que querían crecer en Estados Unidos, abrir mercado y ser percibidas como empresas globales; por diferencia horaria (y también por atractivo como ciudad), Nueva York tenía mucho más sentido que California para ese primer aterrizaje.

Miguel me contactó entonces. Él era COO de CARTO, una de las startups españolas con mayor ambición global en ese momento. CARTO estaba a menos de un año de levantar una ronda de decenas de millones de dólares liderada por Accel, el fondo que había sido *early investor* en Facebook, Spotify, Slack, entre otros. Querían expandirse internacionalmente y estaban valorando abrir oficina en Nueva York. Miguel quería entender cómo hacerlo bien desde el principio: dónde montar la oficina (en aquel entonces no había casi *coworkings*), con qué abogados trabajar, cómo estructurar nóminas, seguros de salud y contabilidad, cómo conseguir el visado de trabajo... En definitiva, cómo aterrizar en Estados Unidos de la mano de alguien que ya había pasado por ese proceso.

A partir de ahí, Miguel empezó a pasar largas temporadas en Nueva York. Recuerdo, por ejemplo, un viaje a Washington D. C. en una misión organizada por la embajada española en Estados Unidos para startups con conexión con España. Y lo que empezó como una relación profesional se convirtió rápidamente en una amistad, viéndonos frecuentemente varias veces con nuestras familias. Para quienes hemos vivido fuera durante muchos años, los amigos acaban siendo familia.

Yo siempre hice de Nueva York una especie de centro de gravedad para muchos emprendedores españoles que pasaban por allí. Organizaba barbacoas en el *backyard* de mi casa en Brooklyn, invitaba a gente del ecosistema *tech* a pasar el día en los Hamptons en verano, y por allí pasaron emprendedores como Rebeca Minguela de Clarity, Luis Sanz y Pau Sabria de Olapic, Javier de la Torre de CARTO, Patrick Freuler de Audicus, Carlos Reines de RubiconMD, Bernardo Hernández, Alejandro Cremades o Pep Gómez y, por supuesto, Miguel y su familia. Ese tipo de planes permiten conocerse de verdad, también a las familias, y construir relaciones que van mucho más allá de lo profesional.

En el caso de Miguel, esa relación se fue consolidando de forma natural. Ya entonces era evidente que Miguel tenía algo especial, una combinación poco habitual de visión estratégica, capacidad operativa y una curiosidad intelectual constante. Durante todos estos años he seguido con interés su blog sobre innovación y emprendimiento, artículos llenos de anécdotas reales, tendencias bien interpretadas y aprendizajes claros sobre lo que funciona y lo que no. Me alegra especialmente ver que muchos de esos textos han sido el germen de este libro.

Miguel es, sin duda, una de las personas que más ha hecho por el ecosistema emprendedor español en las últimas dos décadas. Y lo ha hecho desde muchos ángulos distintos. Ha sido fundador y ya en su primera startup recorrió un *journey* completo (de fundación a *exit*) de casi diez años, atacando mercados globales desde España cuando emprender no estaba de moda y cuando hacerlo no tenía ningún prestigio para alguien que había estudiado "Caminos". Ha sido *C-level* de una de las empresas de software *enterprise* más relevantes nacidas en España, escalándola globalmente desde Madrid y Nueva York. Ha sido ejecutivo en Telefónica, con un rol clave en su estrategia de innovación abierta y *venture capital*, en comunicación directa con el CEO y representando a la compañía en el ecosistema global, mientras lidiaba con la complejidad y burocracia de una corporación centenaria. Eso requiere mano derecha y mano izquierda. Y Miguel tiene ambas.

Ha sido inversor y *business angel* en muchas startups, apoyándolas como si fueran "sus bebés", incluso cuando el *upside* económico para él era limitado. Lanzó el mayor fondo de *venture capital* creado en España, liderando Leadwind, apoyando a algunas de las startups más punteras con conexión con nuestro país.

Pero, si tuviera que destacar algo por encima de todo, es su compromiso real con el ecosistema. Miguel es educador en el sentido más amplio. Da clase en el IE, sí, pero también dedica una cantidad enorme de tiempo a eventos, pódcasts, medios de comunicación, *think tanks* y grupos de trabajo y colaboración con el sector público. España en 2010 era, desde el punto de vista del emprendimiento tecnológico ambicioso, casi un páramo. La transformación que hemos vivido no es casual. Y Miguel ha sido uno de los artífices de ese cambio, no solo en Madrid, sino también apoyando activamente ecosistemas en muchos lugares.

Además, es un comunicador excepcional. La primera vez que le escuché hablar en público fue en un evento impulsado por James Costos, el entonces embajador de Estados Unidos en España, que tanto hizo por conectar Silicon Valley con el ecosistema español. Miguel colaboró estrechamente con él, de forma completamente desinteresada, para empujar iniciativas que conectaran startups, grandes corporaciones y líderes tecnológicos globales. Siempre me ha impresionado su claridad y su capacidad para explicar conceptos complejos sin simplificarlos en exceso.

Con el tiempo, nuestra relación se ha vuelto todavía más cercana. Hoy nos vemos mucho, no solo a nivel profesional, sino también con nuestras familias. Compartimos comidas, paellas valencianas (yo) y fabadas asturianas (él), fines de semana y vacaciones de verano en la playa. Y, cuando tengo una persona a la que llamar para contrastar una idea o simplemente pensar en voz alta, suelo acudir a él.

Todo esto le da a Miguel una perspectiva única. Ha vivido la innovación desde la academia, desde la trinchera del emprendedor, desde la escala corporativa, desde la inversión y desde la construcción de ecosistema. Ha visto miles de startups y ha identificado patrones claros de lo que funciona y de lo que no.

Este libro es el resultado natural de todo ese recorrido. *El latido de tu startup* no es un libro de recetas mágicas ni de mitos edulcorados. Es un manual honesto sobre cómo se construyen y escalan startups de verdad, con infinidad de anécdotas y situaciones típicas en ellas.

Habla de equipos, de cultura, de operaciones, de liderazgo, de tensión y de personas. De ese sistema operativo invisible que determina si una empresa crece o se rompe. Ya he recomendado varios capítulos de este libro a emprendedores que están empezando, para que tengan otro punto de referencia de cómo otras startups se han enfrentado a situaciones similares. No porque vaya a evitarles los golpes, que son inevitables, sino porque puede ayudarles a sortear algunos errores innecesarios y frustraciones evitables. Tener este punto de vista, basado en experiencia real y no en teoría, es un enorme activo.

Este libro refleja exactamente quién es Miguel. Rigor, honestidad intelectual, compromiso con las personas y obsesión por hacer las cosas bien. Si estás emprendiendo, liderando o pensando en hacerlo, aquí encontrarás algo muy valioso: criterio y buenas prácticas.

Y eso, hoy en día, vale mucho.

Iñaki Berenguer
Master MIT, PhD Universidad de Cambridge
Científico, inversor y emprendedor (6x)

CAPÍTULO 1

INTRODUCCIÓN

> En una startup, absolutamente nada ocurre a menos que tú hagas que ocurra.

—Marc Andreessen,
cofundador de Netscape y a16z (*The Pmarca Guide to Startups*, 2007)

Una diferencia clave entre el ecosistema estadounidense y los emprendedores europeos es la capacidad de hacer crecer las compañías a un ritmo exponencial, aprovechando la ventana de oportunidad que te da una ventaja tecnológica mientras tus rivales incumbentes están algo dormidos en los laureles.

Pero nos faltan manuales prácticos en español sobre cómo operar y escalar startups a toda pastilla. Aquí nos sobra el talento tecnológico, investigaciones punteras, cada vez tenemos más ambición global e incluso un acceso a capital que ya no es un impedimento, como lo era hace diez años. Pero nos vendría muy bien un punto extra de sofisticación para competir en una carrera mundial de velocidad, donde los primeros se llevan gran parte de los premios.

Durante años, muchos emprendedores me han pedido referencias, metodologías o consejos prácticos y más localizados, sobre cómo escalar sus compañías después de escuchar una de mis charlas, clases o mentorías. Por eso, decidí rescatar la temática de esas clases y varios artículos publicados durante años en mi blog *Emprender a golpes*[1] sobre el tema y volcar aquí mi experiencia acompañando a decenas de fundadores como mentor e inversor junto con mis propias desventuras como responsable de operaciones y operador.

Mi carrera siempre ha girado en torno a un mismo reto: cómo transformar startups, que son estructuras frágiles por naturaleza, en organizaciones resilientes y de alto rendimiento. Y me ha dado tiempo a pasar por todas

---

1. https://emprenderagolpes.com/.

las fases. Si vuelvo la vista atrás y recorro la montaña rusa emocional, desde cofundar IMASTE, una plataforma de eventos virtuales cuando emprender no era nada sexy en España, a vivir el crecimiento exponencial de CARTO(DB) como COO (*Chief Operating Officer*) entre Madrid y Nueva York, y más tarde apoyando a cientos de emprendedores desde una corporación, Telefónica (Wayra), o como *general partner* en el fondo de capital riesgo Kfund, me queda claro que el viaje emprendedor tiene su dosis de luces y de sombras.

Combina con ritmo frenético, desde la adrenalina de las primeras ventas, al disgusto y frustración que lleva aparejado residir muy abajo en la cadena alimenticia, aderezado con el vértigo de gestionar cientos de personas y unos cuantos millones de euros ajenos, sin tener muy claro qué es lo que ocurrirá mañana.

Javier y Jaime, practicando 996 sin saberlo, CARTO 2015.
Imagen editada con Gemini.

No existe, por desgracia, una alquimia secreta para iniciados, donde encontrar los conocimientos arcanos para poder invocar talento, capital y confianza de la nada y en sus dosis adecuadas. Solo a través de trabajo duro, ejecución y disciplina podrás navegar por aguas traicioneras e inexploradas en busca de la promesa de lo posible, seguir adelante cuando el horizonte no ofrece ninguna claridad salvo la convicción de que tu visión de ese futuro que imaginas es real, aunque, por desgracia, nadie más lo perciba todavía.

Este libro, por tanto, no pretende dar recetas mágicas ni fórmulas infalibles para acompañarte en ese viaje. Me temo que no existen. Pero, en mi experiencia como emprendedor en Nueva York y Madrid o más tarde trabajando codo con codo con talentosos innovadores de México, Brasil o Colombia, he aprendido que es valioso tener un armario lleno de trajes o uniformes que poder ponerte para afrontar diferentes retos y crisis. Y puede que no te encajen como un guante, pero seguro que te permiten estar más preparado que si los enfrentas a "calzón quitado".

No es este un manual para emprendedores que acaban de empezar su andadura ni un texto básico de gestión; hay mucha literatura ya escrita para cubrir esas necesidades. Está orientado a operadores y fundadores que dirigen equipos en compañías de alto crecimiento y que ya han pasado sus primeros sobresaltos. Y espero que podáis disculpar el elevado número de anglicismos utilizados en estas páginas. He intentado no desviarme del lenguaje que se utiliza en nuestro día a día, aunque soy muy consciente de que en ocasiones pecamos de cierto esnobismo y podríamos utilizar el equivalente en castellano de muchos términos sin mayor problema.

Lo que encontrarás aquí es un sistema operativo para startups, con marcos mentales, ejemplos y experiencias que pueden ayudarte a construir y escalar con más cabeza, entendiendo que cada fase requiere un tipo distinto de liderazgo y de disciplina. Estos consejos y ejemplos tienen mi sesgo natural de estar muy enfocadas en el sector tecnológico. Soy muy consciente de que hay muchas startups y empresas valiosas que siguen otros ritmos y para las que no todo lo que detallo puede ser relevante. Espero que, incluso en esos casos más alejados de mi realidad, el foco en las personas, la cultura, las cadencias con propósito puedan servir de inspiración. He podido comprobar, cuando he trabajado en una empresa grande, que los mismos principios son aplicables a todo tipo de organizaciones, así que animo a los gestores de grupos humanos en corporaciones a que se inspiren para crear dinámicas más ágiles, prestadas del mundo emprendedor.

Durante el camino, descubrí la filosofía del método EOS (*Entrepreneur Operating System*) que detalla estos componentes en su marco conceptual: la visión, las personas, los datos, los retos, los procesos y la tracción. Esos componentes se correlacionan en gran medida con los conceptos que he ido atesorando durante mi carrera y que destilaré en los próximos capítulos. Como en toda organización compuesta por personas, si no marcas unas reglas, las startups buscarán modos de organizarse de manera informal. Se definirá siempre un sistema operativo, tanto si quieres que ocurra de forma intencional como accidental, y es una obligación de los emprendedores conseguir que ese plano de actuación sea el más adecuado posible para que una compañía fluya y se desarrolle en un momento concreto.

Los datos lo confirman. Según la Harvard Business School, los emprendedores en serie tienen un 30 % de probabilidades de éxito, frente al 21 % de los primerizos. Y, en un sector donde las probabilidades juegan siempre en contra, ese 50 % adicional importa y mucho. Por eso, conocer los errores más comunes y aprender a evitarlos con un sistema o proceso no es opcional, es un deber.

Hace unos años, un ex alto ejecutivo de Rocket Internet,[2] el proyecto de los hermanos Samwer, me describió un símil que resuena en mi cabeza desde entonces, quizá porque me siento algo identificado tras casarme con una familia de esquiadores. Decía Mads que, para él, escalar una compañía tecnológica planteaba retos similares a la práctica del esquí. Emprender es un viaje complejo que, a veces, se siente como tirarte por una pista negra de esquí la primera vez. El miedo te paraliza en la cima, las piernas te tiemblan y piensas: "¿Quién me mandaría a mí meterme en esto?".

Pero, al mismo tiempo, cuando esquías, es muy fácil coger bastante velocidad. Basta con que dirijas los esquís hacia la línea de máxima pendiente y, *voilá!*, empiezas a deslizarte cuesta abajo como un energúmeno. El problema es que, si no tienes la técnica o habilidad necesaria, lo más probable es que, al acelerar sin control, te rompas la crisma. Por eso, el esquiador inexperto tenderá a frenar en cuanto gane un poco de velocidad, por temor a equivocarse en el siguiente giro, al bache inesperado o la placa de hielo traicionera bajo la niebla.

---

2. Rocket Internet: https://rocket-internet.com/.

Así que la tendencia de los esquiadores noveles es moverse lo más despacio posible, evitando la pendiente y sin avanzar apenas. Con una startup ocurre algo muy parecido. Crecer rápido, escalar ventas, procesos, *releases* tecnológicas, implica lanzarse por la línea de máxima pendiente, a toda pastilla. Para afrontar el vértigo de la velocidad, tener unos guardarraíles y bastones para poder avanzar rápido y ejecutar sobre los planes sin perder el foco puede ser la diferencia entre llegar a tu destino o estamparte con todo el equipo. Ese es el propósito de este libro, proporcionar un sistema operativo para startups. No para eliminar el vértigo, eso nunca desaparece, sino para que te atrevas a acelerar con criterio, seguro de que, si quieres, podrás frenar en cada curva.

CAPÍTULO 2

SOLO
SE EMPRENDE A
GOLPES

> Todo el mundo tiene un plan hasta
> que le dan un puñetazo en la boca.

—Mike Tyson, *The New York Times*, 1987

Esto de emprender lleva unos años muy de moda. Nos bombardean con historias de rondas millonarias, unicornios y fundadores visionarios que cambian el mundo desde un garaje con una sudadera, algo de ramen y mucho carisma.

La realidad es bastante menos romántica: emprender es un deporte de contacto donde casi siempre gana el que aguanta más golpes. Y no me refiero a la perseverancia en bruto, sino a una perseverancia inteligente, que te permite ser flexible, aprender y evitar darte golpes contra la misma pared encontrando puertas o ventanas por donde colarse. Paul Graham lo explica mejor que nadie en su ensayo *The right kind of stubborn*:[1]

> "Los persistentes están apegados a la meta.
> Los obstinados están apegados a sus ideas sobre
> cómo alcanzarla. Sé obstinado con tu visión,
> pero flexible con tus tácticas."

Esta distinción me parece fundamental. Ser obstinado es simplemente resistirse al cambio, por orgullo, por miedo o por ambos. Ser persistente con inteligencia, en cambio, es seguir intentando cosas, adaptando tácticas y estrategias, pero aprendiendo de los errores. Y para resolver problemas difíciles no basta con energía e imaginación, hace falta además resiliencia, buen juicio y foco en una meta, por imposible que parezca.

---

1. *The Right Kind of Stubborn*, https://paulgraham.com/persistence.html?utm_source=substack&utm_medium=email.

Como fundador y como inversor, he visto muchas veces cómo los emprendedores que sobreviven no son los que tienen la idea más brillante ni el *pitch* más bonito, sino los que insisten de forma creativa, ajustando la ruta sin perder de vista el destino final.

Dice Will Sahlman, profesor de Harvard Business School: "El secreto de emprender está en la capacidad de responder en tiempo real a realidades impredecibles". No hay plan de negocio que sobreviva intacto a las inclemencias del mercado, y la habilidad esencial de un fundador no es preverlo todo, sino improvisar con cabeza cuando las cosas se tuercen, que suele ser casi siempre.

De hecho, el profesor Sahlman llega a afirmar que los planes de negocio no alcanzan más de un mísero 2 (en una escala del 1 al 10) como predictores del éxito de una nueva empresa. Yo añadiría que incluso pueden ser un indicador de fracaso cuanto más elaborado esté el documento.

Como inversor, me fijo en los planes de negocio como una prueba de que los emprendedores han dedicado algo de tiempo a entender su negocio, cuáles son sus *drivers* y qué hipótesis son necesarias para alcanzar el éxito. No me importan demasiado los números en sí mismos, sino la coherencia y cómo el equipo tiene las claves para llegar al siguiente hito relevante, sea cual sea este. Nico Goulet, *general partner* en Adara Ventures, define al inversor de capital riesgo como "un gestor del fracaso para hacer dinero de los *outliers*", en el que tienes que apostar por que algunos de los soldados de tu batallón lleguen a su destino, pero no tienes muy claro cuál es la ruta y no te importan demasiado las bajas que queden en el camino. La verdad es que, en el momento de la inversión inicial, tenemos muy poca información sobre cómo se desarrollará el proyecto.

Emprender, por tanto, no es una afición que puedas llevar a cabo en tus ratos libres o una opción laboral socorrida cuando no tienes otra opción. Me preocupa cuando veo a jóvenes y mayorcitos que hablan de que van a emprender, al igual que un amigo en paro me decía hace años: "Voy a poner un bar", como una respuesta casi automática a la inquietud de estar ocupado y crear algo propio, simplemente porque siempre les ha gustado tomar tapas con amigos y les parece una actividad con bajas barreras de entrada.

Y entonces se gastan sus ahorros en remodelar a todo trapo un local en una calle por la que no pasa nadie, aunque no saben calcular los costes de las materias primas ni tirar una cerveza y menos aún meterse en cocina y sacar adelante los fogones el día que el *chef* se ha quedado en casa con gripe.

Por este motivo, poner un bar ha sido casi siempre sinónimo de fracaso para un neófito, porque la distancia entre lo que se percibe desde fuera (ambiente divertido, atención al cliente, manejo de una carta de platos suculentos y pagar el alquiler) y lo que ocurre por dentro (problemas de personal, escandallos que no cuadran con el precio del plato, regulaciones varias y complejas, noches de vacío y en vela) es brutal.

Y suele ocurrir que los locales de restauración que triunfan los montan personas que se han curtido durante años en la hostelería. Esa misma analogía es aplicable a montar una startup. Si vas a lanzarte a una aventura donde la incertidumbre es la norma y no la excepción, mejor prepárate unos años trabajando codo con codo con emprendedores experimentados en una *scaleup*. Pégate a emprendedores que ya llevan unos años al pie del cañón y aprende todo y de todos. Verás que es posible tener éxito, sí, pero con esfuerzo y mucha suerte.

David Haber, *general partner* en a16z, lo tiene claro. Escribe que una de las cosas más valiosas que puedes hacer por tu carrera es "conocer de primera mano cómo es realmente la excelencia", poner la barra muy alta, como un referente con el que te medirás durante el resto de tu trayectoria.

Si has trabajado en una *scaleup* que pone un listón estratosférico de excelencia, ya sea en el detalle y pulcritud del diseño, la velocidad en el despliegue en producción o el rigor en la toma de decisiones, te llevas esa experiencia contigo en todo lo que construyas en el futuro. Por eso tienen tanto éxito las llamadas "mafias" de emprendedores como la de Paypal o **Tuenti** y, por eso, la red **Endeavor**[2] consigue resultados tan potentes con su efecto multiplicador en los ecosistemas donde está presente. No se trata solo de escuchar listados de errores que no repetirías, si no de vivir intensamente y desde muy cerca las tareas del día a día, entender cómo se reacciona ante la ansiedad, cómo trabaja un equipo cuando busca alternativas en una pizarra y cómo se toman decisiones con pocos datos, mucha intuición y un poco de cabeza.

Endeavor basa su filosofía en una idea simple pero muy potente: cuando apoyas a emprendedores de alto impacto, es decir, aquellos capaces de crear empresas escalables, generar empleo de calidad y atraer inversión, no solo

---

2. "10 años del efecto multiplicador de Endeavor en España", https://spain.endeavor.org/10-anos-del-efecto-multiplicador-en-espana/.

crece su compañía, sino también todo el ecosistema a su alrededor. Por eso, Endeavor selecciona a estos fundadores, les da acceso a una red global de mentores, capital y conocimiento, y acelera su crecimiento. Pero el verdadero impacto surge más adelante, cuando estas startups escalan, crean miles de empleos, profesionalizan sectores enteros y atraen capital internacional que antes no miraba al país.

El segundo componente necesario para ese efecto multiplicador es el *give back* estructural. Los emprendedores apoyados por Endeavor suelen convertirse en mentores, *business angels* y modelos para la siguiente generación. Esto crea un ciclo virtuoso donde el éxito se reinvierte localmente, multiplicando la densidad de talento, capital y experiencia.

Esas nuevas camadas de emprendedores salen de esas empresas con un ejemplo vivido y tatuado en la piel de lo que significa hacer las cosas realmente bien. Han estado allí, han visto un estándar de primera división y son capaces de recrear esas dinámicas con su propio estilo.

Cuando no has vivido la grandeza de cerca, es difícil imaginar lo que es posible o no. Es como entrenar "no ya sin haber competido, sino sin haber visto siquiera de cerca a un atleta de élite, no conoces los límites". Pero, una vez que has experimentado esa grandeza en tus carnes, empiezas a pensar menos en qué es "lo mejor que yo puedo hacer" y más en qué es "lo mejor que es posible y punto", y te empujas a llegar hasta ahí. O, en todo caso, te sientes empoderado al ver qué personas que crees que tienen menos talento que tú son capaces de conseguir hitos increíbles. Si ellos pueden, tú también.

Además, al exponerte a otras realidades, te das cuenta de la importancia del equipo frente al mito del héroe solitario, que te aporta visiones alternativas, capacidad de ejecución y resiliencia cuando el desgaste emocional se vuelve excesivo.

Dice Brian Armstrong, CEO de Coinbase, que al trabajar con gente realmente potente ha aprendido que "la acción produce información. Si no sabes qué hacer, haz algo, aunque sea lo incorrecto. Eso te dará pistas sobre lo que deberías estar haciendo de verdad. Suena simple en teoría, pero lo difícil es convertirlo en parte de tu forma de trabajar cada día".

Cuando fundamos **Imaste**, tres ingenieros casi recién salidos de la Universidad Politécnica de Madrid, pensábamos que lo importante era ejecutar una idea original y trabajar muy duro. La realidad nos dio pronto en la cara. Cuando empezábamos a tener tracción, con más de 40 empleados, centenares de clientes y llegando a 500.000 estudiantes cada año con eventos de empleo presenciales, la crisis de 2008 destruyó el empleo en España y barrió nuestra base de clientes, hasta dejarnos casi en la bancarrota.

En ese momento, pude entender que emprender no era diseñar un plan perfecto, sino adaptarse rápido al caos sin perder el rumbo. Y nuestra apuesta decidida por la tecnología y los eventos virtuales unos meses antes nos salvó *in extremis*.

Primeros días en IMASTE, 2005. Imagen editada con Gemini.

En el ecosistema español tenemos ejemplos muy claros de perseverancia inteligente. **Jobandtalent**, fundada en 2009, estuvo varias veces al borde del abismo y desde el barro probó diferentes modelos de negocio, pasó por despidos masivos y sufrió momentos donde nadie habría apostado por ellos. Pero siguieron iterando, ajustando su propuesta hasta convertirse en una plataforma global de trabajo temporal, con presencia internacional y miles de millones en facturación.

Otro caso muy relevante es **Cabify**, que nació en un entorno hostil, con regulaciones en contra, competencia feroz y una opinión pública dividida. Cualquier otro habría tirado la toalla, pero Juan de Antonio y su equipo supieron mantener la visión (ser la alternativa de movilidad urbana sostenible en Latinoamérica y España) mientras adaptaban tácticas diversificando servicios, negociando con autoridades y levantando capital en los momentos más críticos. Hoy son un referente de movilidad en el mundo hispano y la única empresa española de su sector que ha sobrevivido al agresivo embate de Uber.

Estas historias son la prueba de que, sí, se puede, pero con mucho talento, suerte y ambición. Y espero que, cada vez más, con método.

En las startups se parte casi siempre del no saber. No sabes si hay mercado, no sabes si tu producto encaja, no sabes si serás capaz de encontrar un modelo sostenible o *product-market fit*. Lo único que tienes es convicción, una visión más o menos borrosa y la capacidad de aprender a toda velocidad. Y eso es lo que hace tan emocionante y tan brutal este camino.

Durante años, en lo alto de una montaña, me enfrenté a esa sensación de miedo en lo alto de la pendiente, preguntándome si iba a ser capaz de esquiar hasta abajo sin romperme nada. Al emprender ocurre algo parecido: al principio, estás muerto de miedo, dudas de cada movimiento y, poco a poco, a base de caídas y levantadas, vas ganando confianza y control.

Al final, emprender a golpes no significa solo dejarte la mandíbula, sino aprender a encajarlos con inteligencia, sin perder la pasión ni el sentido común. Es aprender a esquiar cuesta abajo con niebla, con la pista helada y con alguien gritándote desde abajo que llegues lo más rápido posible. Eso es lo que separa a quienes montan una empresa duradera de quienes se quedan en la anécdota.

MITOS Y VERDADES

- **La persistencia inteligente gana a la obstinación ciega:** Mantén la visión, pero adapta sin miedo las tácticas, improvisar con cabeza es más valioso que seguir un plan rígido.

- **Los golpes son inevitables:** Lo que diferencia a los emprendedores que sobreviven no es la idea brillante, sino la capacidad de encajar, aprender y ajustar rápido tras cada golpe.

- **La excelencia se contagia:** Haber visto de cerca altos estándares en *scaleups* o pares de confianza en "mafias" eleva tu propio listón y te permite recrearlo en tu startup.

HITOS Y RITOS

- ☐ **Revisa tu perseverancia:** Lista 3 errores que no repetirás (y qué harás distinto).

- ☐ **Rodéate de excelencia:** Identifica 3 mentores/pares a los que pedir *feedback* mensual crudo, sin cortapisas.

- ☐ **Prepara tu resiliencia personal:** Reserva tiempo semanal para descansar y despejar la cabeza.

¿Cuáles son los hitos y ritos que mejor te funcionan a ti que encajan con este capítulo? Entra en la comunidad y comparte con otros tu experiencia, al tiempo que encuentras más documentos que funcionan para otros.

https://latido.emprenderagolpes.com/.

CAPÍTULO 3

EL ROL DEL COO

El COO es el yin del yang del CEO: quien ejecuta frente a quien visiona.

—Sheryl Sandberg, ex-COO de Meta (*The Wall Street Journal*, 2012)

El rol de COO (*Chief Operating Officer*) es un cajón de sastre, un puesto que sirve para todo y para nada a la vez, por lo que a menudo se usa como comodín para tapar agujeros. Pero precisamente ahí reside la clave: ¿qué intentas cumplir con ese rol? ¿Quieres que sea la persona que estructura y profesionaliza la operación? ¿O el ejecutor de la visión del CEO?

La definición que más me gusta de esta posición es la de "generalista con talento y experiencia, capaz de comprender la tecnología, pero al mismo tiempo poner orden en los aspectos organizativos y empatizar con el equipo". Mas, en muchos casos, me parece que la función fundamental del puesto, aunque no esté escrita, es hacer todo aquello que no le gusta nada de nada hacer al CEO.

Opina Mark Suster,[1] *general partner* de Upfront Ventures, que tu startup no necesita un COO: "Normalmente, el título de COO en una startup es una cuestión de ego. Hay dos fundadores y se acuerda que uno será el CEO, así que el otro necesita llamarse presidente o COO". Y tiene parte de razón, porque, en compañías pequeñas, debería ser el CEO el que orquestara las distintas funciones, con 6-7 reportes directos en equipos de 30-50 personas.

Y, cuando el CEO es muy *techie* y dedica mucho tiempo a producto o ingeniería, o cuando le dan un poco de alergia los procesos y las ventas, tener un COO que prácticamente actúa como un co-CEO puede ser muy útil. De

---

1. https://bothsidesofthetable.com/why-your-startup-doesn-t-need-a-coo-f63c1e03dd7d.

hecho, frente al fundamentalismo de Suster, cada vez es más aceptable por los inversores encontrarse con duplas de CEO-COO o co-CEO que funcionan de manera complementaria

Un gran ejemplo de *scaleup* que ha hecho funcionar el modelo de co-CEO es **Celonis**, a quienes conozco bien porque en CARTO compartimos inversores con Accel, Salesforce Ventures, Alex Ott y otros. Pude ver de cerca cómo Alexander Rinke y Bastian Nominacher pasaban de ser dos fundadores brillantes y obsesionados con el producto a convertirse en líderes capaces de dirigir una organización global de miles de personas. Celonis nació en Múnich como un proyecto casi académico de *process mining* y acabó convirtiéndose en uno de los grandes decacornios europeos, demostrando que, cuando dos co-CEO se reparten el mando con claridad, respeto y ambición compartida, el modelo no solo funciona, sino que acelera.

En su caso, la clave ha sido siempre la complementariedad radical. Alex, más visionario y orientado a la expansión, y Basti, más metódico, operativo y centrado en la calidad de ejecución, construyeron una dupla donde ninguno pisaba el terreno al otro ni generaba fricción innecesaria. A medida que crecían, supieron sumar talento sénior, incluido un presidente que les ayudó a definir los *gaps* de la estructura, sin perder su esencia de fundadores. Verles evolucionar fue casi una lección en tiempo real de cómo un equipo fundador puede escalar su propio liderazgo a la misma velocidad que escala su producto.

Si el CEO es el que sueña en grande, el que inspira y empuja, el COO es el que aterriza ese sueño en la realidad. Es el pegamento que mantiene unida la startup cuando las costuras empiezan a saltar por el crecimiento. No es una figura de glamour ni suele salir en las fotos de *TechCrunch*, pero es absolutamente esencial.

En **CARTO**, mi rol pasó por muchas fases, siempre en una relación simbiótica con el papel de mi gran amigo y compañero de aventuras Javier de la Torre, el CEO, desde montar los equipos iniciales y profesionalizar las finanzas, las ventas y recursos humanos, hasta acompañar la expansión internacional y construir la cultura. Yo nunca era el que tenía todas las respuestas, pero sí que me ocupaba de que las preguntas correctas se hiciesen a tiempo. Al final, lo que hacía era intentar dar estructura al caos, traduciéndolo a métricas, procesos y prioridades que permitieran escalar sin perder el rumbo.

Un COO tiene, por tanto, que ser camaleónico. Hoy contrata personal, mañana negocia un contrato comercial, pasado define un OKR o ayuda a cerrar una ronda de inversión. Su rol depende del momento vital de la compañía y de las fortalezas (y debilidades) del CEO, lo que implica que su superpoder debe ser poseer una curiosidad intelectual enorme, querer aprender algo de cada conversación y cada situación.

Si lo analizo, creo que la capacidad de cambiar de contexto sin fricción, casi de manera inmediata, es mi mayor superpoder. Y, para facilitar estos cambios de contexto, establecer un sistema operativo repetible en todos los equipos con los que trabajo es fundamental, desde una visión compartida, objetivos claros, rituales de reuniones equivalentes y una cadencia semanal y trimestral que resulte familiar.

El COO suele ser el segundo al mando, pero eso no significa ser un simple ejecutor. Su rol combina disciplina operativa con sensibilidad humana y comprensión estratégica. En mi experiencia, estas son algunas de las claves que debe dominar para tener éxito:

- **Visionario pragmático:** Debe ser capaz de entender la visión del CEO, pero traducirla a planes concretos, plazos y procesos.

- *Team builder*: Las startups crecen gracias a la gente que las compone, y el COO es quien muchas veces se asegura de que los equipos estén equilibrados, de que haya talento en el lugar correcto y de que la comunicación fluya.

- **Ser un vendedor:** Ser el primer y mejor vendedor (hasta que deje de serlo) y entender profundamente todos los pasos del proceso de marketing y ventas, desde dónde se generan los *leads* y cuáles tienen más calidad, hasta el contacto inicial con el cliente, la búsqueda de sus necesidades de negocio y cómo el producto las resuelve, la negociación y el cierre del contrato. Por supuesto, a medida que pasa el tiempo, esto se volverá menos relevante, pero, al principio, tiene que construir la base de la futura fuerza de ventas.

- **Gestor del caos:** En una empresa en crecimiento constante, el caos no se elimina, sino que se gestiona. El COO establece mecanismos para que ese caos no se lleve por delante la moral ni la productividad.

- **Contrapeso emocional:** Cuando el CEO se viene muy arriba o está hundido en la miseria (y suele oscilar de un extremo al otro), aporta estabilidad, calma y perspectiva.

- **Tener una importante querencia por los números y las hojas de Excel:** Más todavía si la compañía no tiene CFO (muy probable al principio). Los presupuestos, las métricas, el análisis de lo que está pasando y los planes del futuro lo requieren.

- **Entender las dinámicas de la organización:** Quién sabe hacer qué cosas para pedirles consejo o ayuda, qué palancas mover para dar saltos de gigante y ser creativo en la búsqueda de soluciones para el tsunami de retos que se presentan cada día, luchando, siempre, contra la política.

- **Ser un buen comunicador:** Para poder expresar la visión de la compañía y su traducción interna y externa, tanto al equipo, como a la *board* o los futuros inversores, como una extensión del CEO, donde sea necesario.

- **Orientado a la ejecución:** Las ideas solo valen si se llevan a cabo. El COO convierte la estrategia en acción diaria.

- **Ser el "defensor del equipo":** A todos los niveles y en todos los aspectos.

- **Tener pasión:** Porque, sin pasión, me temo que nada tiene sentido.

En las fases iniciales (y no tanto), lo que menos harás es precisamente ocuparte de las operaciones en sí. El rol se flexibiliza, cubriendo los huecos allá donde la compañía los necesita y permite crecer. A medida que las estructuras se van volviendo más rígidas, se consolida, con mayor enfoque en un *company building* más estricto.

A medida que **Devo**, el unicornio español fundado por Pedro Castillo en el ámbito de la observabilidad de datos, empezó a crecer, tuvo que mediar entre un equipo comercial situado fundamentalmente en Estados Unidos que empujaba fuerte por cerrar *deals* grandes y rápidos y un equipo de ingeniería y producto en España que sufría con los plazos imposibles y la presión de promesas hechas a los clientes.

Esa tensión, ese choque cultural y operativo, es el pan de cada día de un COO que, muchas veces, debe convertirse en un traductor, para traducir entre idiomas y entre expectativas. No se trata de apagar fuegos sin parar, aunque muchas veces toca hacerlo, sino de construir un sistema donde los incendios sean menos frecuentes y menos devastadores.

Y, sobre todo, se trata de tener la humildad de no ser protagonista. El COO rara vez es el que se lleva los aplausos, pero, sin su figura, el sistema colapsa. Se asemeja al director de orquesta de una banda de *jazz*, que no toca todos los instrumentos, no es la estrella del solo, pero, sin su guía, los sonidos no llegan a formar música.

MITOS Y VERDADES

- **El COO es el pegamento del crecimiento:** Hace que las ideas del CEO sean accionables y proporciona planes, métricas y procesos que dan estructura al caos.

- **Es un rol camaleónico:** Poco glamuroso pero esencial. Llena vacíos donde nadie más puede, combina disciplina operativa con sensibilidad humana y rara vez se lleva los aplausos.

- **Es un traductor y estabilizador:** Media entre equipos y expectativas, aporta calma cuando el CEO oscila y asegura que la organización no se desmorone bajo presión.

HITOS Y RITOS

- ☐ **Define qué necesitas realmente de un COO:** ¿Quiero un ejecutor de mi visión, un estructurador de la operación o alguien que me complemente emocionalmente? Escribe 3 tareas críticas que hoy nadie está haciendo bien y que podrían caer dentro de ese rol.

- ☐ **Desarrolla el tándem CEO–COO:** Analiza las fortalezas y debilidades del CEO: ¿qué necesitas equilibrar? Define con claridad cómo se reparten las decisiones estratégicas y cómo se resolverán los desacuerdos.

- ☐ **Contrata por talento camaleónico, no por título:** Enfócate en candidatos que sepan moverse entre finanzas, personas, procesos y clientes, incluso si no provienen de una experiencia previa ideal.

¿Cuáles son los hitos y ritos que mejor te funcionan a ti que encajan con este capítulo? Entra en la comunidad y comparte con otros tu experiencia, al tiempo que encuentras más documentos que funcionan para otros.

https://latido.emprenderagolpes.com/.

CAPÍTULO 4

LOS EQUIPOS COMO MOTORES SINCRONIZADOS

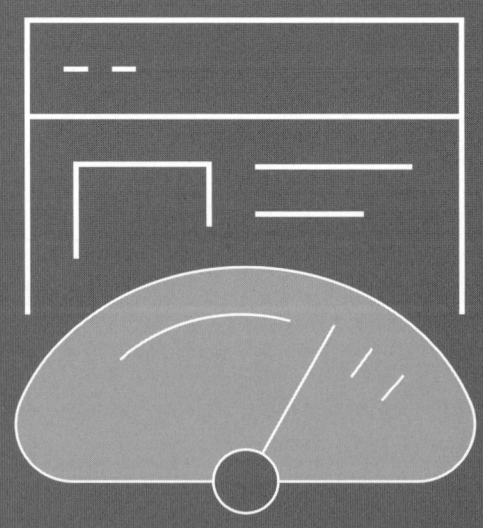

Si quieres ir rápido, ve solo.
Si quieres llegar lejos, ve acompañado.

—Proverbio africano

C reo firmemente que cada pieza de una startup, desde el CEO hasta el último recién llegado, es indispensable. Pero lo que realmente importa no es la suma individual, sino la forma en que todas esas piezas encajan y funcionan juntas. Del mismo modo que un motor no sirve de nada si cada pistón se mueve a su propio ritmo, lo que da potencia es la sincronización del conjunto.

En las organizaciones más pequeñas, de 10 o 20 personas, puedes fingir que la coordinación existe, porque todos caben en la misma mesa o comen de una sentada las dos famosas pizzas de **Amazon**.[1] Todo el mundo sabe más o menos lo que hacen los demás, las decisiones se toman en un café y los problemas se resuelven sobre la marcha. Pero, una vez que creces más allá de ese punto, necesitas procesos, un modelo y un sistema operativo. Sin ello, el riesgo de caos es enorme.

Lo viví en primera persona en **CARTO**. Pasar de 30 a 100 personas en menos de un año con dos oficinas separadas por 6.000 kilómetros fue como cambiar de conducir un coche deportivo a pilotar un avión comercial sin manual de instrucciones.

Lo que antes se resolvía con una conversación en la oficina o con una llamada diaria con Javier, en la que alguno de los dos solía estar sobre una bicicleta, salvando husos horarios, pasó a necesitar reuniones estructuradas, objetivos escritos y procesos claros. Aprendimos a golpes que, sin un marco

---

1. Amazon Two Pizza Teams: `https://aws.amazon.com/es/executive-insights/content/amazon-two-pizza-team/`.

compartido, cada equipo tiraba de la cuerda hacia un lado y la energía se desperdiciaba. Implementar métricas comunes, cadencias de revisión y un lenguaje compartido nos permitió seguir escalando.

El mayor desafío que he vivido siempre es unificar equipos multidisciplinares y, sobre todo, personas muy diferentes, en torno a un mismo conjunto de objetivos. No se trata solo de coordinar a Ventas con Marketing, o a Producto con Tecnología; se trata de conseguir que perfiles muy distintos; introvertidos y extrovertidos, creativos y analíticos, soñadores y ejecutores, neuróticos y pasivos, encuentren un terreno común donde crear y colaborar. Estoy convencido de que, una vez que creas el espacio en el que los individuos con buena actitud puedan sentirse cómodos para dar lo mejor de sí mismos, con propósito y empoderamiento, incluso equipos relativamente mediocres se convierten en equipos de alto rendimiento.

Me gusta el ejemplo de **Factorial**, *scaleup* española de software de recursos humanos. Su crecimiento en los últimos años ha sido meteórico, y lo han logrado en gran parte gracias a que supieron crear una cultura y unos procesos donde equipos muy distintos (ingenieros, comerciales, marketinianos) trabajan con un mismo marco de objetivos. Factorial no escaló solo porque tuviera un buen producto, sino porque alineó a su gente como un motor afinado con unas cadencias brutales, manejando con éxito esa presión. Necesitaban un sistema para alinear a más de 100, luego 500 y ahora más de 1.000 personas en diferentes países.

Así, definen OKR de forma rigurosa, los comunican con transparencia y luego los vuelven a comunicar, y los revisan de manera constante para asegurar que todos los equipos empujan en la misma dirección. Jordi Romero y Bernat Farrero lo explican muy bien, la cultura y la ejecución no son cosas separadas, sino dos caras de la misma moneda.

Cuando ese alineamiento falla, lo que aparece es fricción y comienzan las discusiones interminables, los reproches entre departamentos y los juegos de poder. Y he de confesar que siempre me ha preocupado mucho caer en la caricatura del jefe inútil, como el famoso *Pointy-Haired Boss* de Dilbert. Encima, yo tengo el pelo rizado, así que la broma me persigue doblemente. Por eso he intentado toda mi vida evitar convertirme en un jefe que da órdenes absurdas sin entender la realidad de su equipo.

Coordinar un equipo grande no es imponer ni mandar desde arriba, sino crear un sistema de comunicación, confianza y objetivos compartidos que haga que cada pistón del motor se mueva en el momento justo. Veremos durante los próximos capítulos qué rituales pueden ser útiles para mejorar la alineación del equipo, pero no todos sirven en todo momento. Te propondré una navaja suiza en la que tendrás que ir probando qué herramienta te da mejores resultados según la evolución del negocio, la disfunción que están buscando eliminar o los fuegos que se van presentando.

En **Telefónica** pude experimentar el reto de dirigir equipos con estructuras matriciales, en las que las líneas de reporte no estaban siempre claras, con responsables de unidades que tenían jefes locales en su país (reporte indirecto) y al mismo tiempo formaban parte de mi organigrama. Claire Hughes Johnson, ex-COO de Stripe y autora del libro *Scaling People*, describe una anécdota sobre cómo un responsable de Google UK, que compitió en remo profesionalmente, afrontaba la gestión de dobles reportes (*solid and dotted lines* en jerga de negocio inglesa), Cuando describió al equipo, incluyendo a sus reportes directos, pero también a funciones clave asociadas como RR. HH. y alianzas dijo: "... Las personas que van en tu embarcación y la forma en que trabajáis juntos es lo que te hace ganar. Cuando elaboro un plan, pienso en quién tiene que ir en mi barco. No me importa a quién reporten formalmente; lo único que sé es que necesito que estén en mi barco y los trato como tal".

En las startups no puedes permitirte el lujo de tener personas en tu bote que no remen al mismo paso o que tengan objetivos distintos porque su jefe directo o indirecto tenga otros planes. En contra del credo popular, las grandes compañías tienen una actividad frenética, mayor incluso que las startups, pero originada por multitud de iniciativas en paralelo y en ocasiones con intereses o agendas internas propias. Todas parecen ir a velocidad supersónica, pero no todas van en la misma dirección. ¡Cuando no van en direcciones opuestas! Remar todos juntos al mismo sitio no es un tema solo de rapidez, sino de eficiencia.

Una de las herramientas más importantes de esa navaja suiza es la capacidad de decir que no. Las startups reciben una miríada de *inputs* cada día, peticiones que muchas veces no suman o que incluso generan fuerzas que se contrarrestan. Y es fundamental ir alimentando los mecanismos de análisis y decisión, pero también la cintura y músculo organizativo para soportar el ser firme a una visión y no cambiar el rumbo cada diez minutos.

Todo el mundo tiene una opinión y los inversores en particular tienen mucho peligro, porque les encanta generalizar y encontrar patrones en las compañías y repartir a diestro y siniestro consejos sobre cómo hacer el *go-to-market*, organizar los equipos o expandir en EE. UU. Cuando en muchos casos, los consejos de uno y otro inversor van en dirección contraria, y puede que ninguno de ellos haya dedicado tiempo suficiente para entender el fondo del asunto.

Perk (Travelperk), plataforma española para la gestión de viajes y gastos de empresa, ha demostrado cómo una cultura de alineamiento meticuloso puede sostener un crecimiento global sin perder coherencia. Desde el principio, Avi Meir y su equipo definieron una estructura casi quirúrgica y priorizando la comunicación a todo el equipo, publicando las prioridades del trimestre en un *TravelPerk Playbook* accesible a toda la organización. Cuando llegó la pandemia y su negocio cayó un 90 % en semanas, esa sincronía interna les permitió reaccionar en días, no en meses. Redujeron gastos, pivotaron al segmento de viajes flexibles y lograron mantener alta la moral del equipo, incluso en el momento más oscuro.

Esa flexibilidad y alineación con propósito, sin perder el rumbo de largo plazo, es un ingrediente clave para sobrevivir durante las crisis y crear un proyecto resiliente y exitoso.

MITOS Y VERDADES

- Lo decisivo no es el talento individual, sino la sincronización del equipo. Y creo que es fundamental poder divertirte con los miembros de tu equipo, porque no todos los días llegan buenas noticias y la montaña rusa emocional de crear un proyecto obliga a tener los mejores compañeros de viaje.

- A partir de cierto tamaño, los procesos son imprescindibles para evitar el caos.

- La cultura y la ejecución no son cosas distintas, sino que son dos caras de la misma moneda y sirven para alinear equipos muy distintos bajo un marco común

HITOS Y RITOS

- ☐ Crea un lenguaje compartido, acordad un diccionario común de términos operativos y su definición.

- ☐ Vigila la fricción y actúa pronto, detecta señales de silos o reproches entre departamentos e intervén antes de que se conviertan en juegos de poder. Recuerda que la desalineación destruye energía.

- ☐ Lidera sin ser el *Pointy-Haired Boss*, evita dar órdenes absurdas desconectadas de la realidad del equipo. Sobre todo, escucha de primera mano qué bloquea a tu gente y ayúdales a remover esos obstáculos.

¿Cuáles son los hitos y ritos que mejor te funcionan a ti que encajan con este capítulo? Entra en la comunidad y comparte con otros tu experiencia, al tiempo que encuentras más documentos que funcionan para otros.

https://latido.emprenderagolpes.com/.

CAPÍTULO 5

LA SALUD ORGANIZATIVA COMO PEGAMENTO

La confianza es el lubricante que hace posible que las organizaciones funcionen.

—Warren Bennis,
pionero en liderazgo (Organizing Genius, 1997)

E n el complejo entramado de una startup, donde la innovación, la velocidad y la disrupción son a menudo las métricas más celebradas, existe un factor subyacente que, si se descuida, puede socavar cualquier esfuerzo, por brillante que sea: la salud de la organización.

No me refiero a la salud financiera, que es un resultado. Tampoco a la salud del producto, que más bien es una manifestación de atención al detalle y encaje con el mercado. Hablo de la salud interna, la cohesión, la confianza y el funcionamiento efectivo del equipo humano que da vida a la empresa. La salud organizacional no es un lujo ni un concepto vacío de consultoría estratégica. Es el verdadero armazón del sistema operativo que permite a la empresa no solo sobrevivir, sino prosperar en entornos impredecibles.

La paradoja es que, en nuestro mundo, nos pasamos el día hablando de visión y de rondas de financiación, pero la diferencia real entre una startup que escala y una que se hunde ante la adversidad está, muchas veces, en su salud interna.

Como explica Patrick Lencioni en su libro *The Advantage: Why Organizational Health Trumps Everything Else in Business*, la salud organizacional es, en última instancia, "la ventaja competitiva más poderosa y sostenible que una compañía puede poseer". Puedes copiar un producto, puedes imitar un modelo de negocio, incluso puedes contratar a talento brillante de la competencia, pero, si tu organización funciona con confianza, cohesión y propósito, eso es inimitable.

Lencioni propone un modelo en forma de pirámide que, aunque simple en apariencia, es profundamente transformador. Cada nivel se construye sobre el anterior y se convierte en el origen de las disfunciones de los equipos:

Las cinco disfunciones de un equipo, por Patrick Lencioni.

1. **Confianza (*Trust*):** Es la base de todo. Sin confianza, los equipos se vuelven disfuncionales, las interacciones son superficiales y la colaboración real es imposible. Confianza no significa "saber lo que va a hacer el otro", sino empezar por la vulnerabilidad personal: admitir errores, pedir ayuda, exponer debilidades sin miedo a represalias y, desde ahí, construir relaciones con honestidad radical.

   Reconocer limitaciones y expresar dudas no debilita la autoridad de los líderes, sino que los humaniza y abre la puerta a una relación más auténtica. Esa apertura genera un espacio en el que los demás también se sienten libres de compartir, sin miedo a ser juzgados, creando un terreno común donde la franqueza se convierte en la base de la colaboración.

   Esa vulnerabilidad solo puede florecer si existe un entorno seguro. No basta con pedir transparencia, hay que cultivar un clima en el que la comunicación sea sincera, donde equivocarse no implique represalias y donde el error se entienda como parte del aprendizaje. En lugar de asociar la vulnerabilidad con debilidad, creo que es muy útil convertirla en una palanca para fortalecer la resiliencia del equipo.

   No se trata de cargar al equipo con inseguridades que no puedan digerir, más bien enmarcarlas en una búsqueda compartida de soluciones. Al hacerlo, los gestos cotidianos de escucha, empatía y coherencia refuerzan ese pacto implícito de confianza.

2. **Conflicto constructivo:** Es imposible evitar el conflicto en equipos de alto rendimiento, con opiniones fuertes y creando nuevas categorías de negocio donde no había nada. No hay que huir de la tensión, porque, con confianza, los equipos podrán debatir y discrepar abiertamente, sin miedo.

3. **Compromiso:** Una vez tomada una decisión, el equipo se alinea y se compromete a ejecutarla porque ha podido expresar sus opiniones previamente y ha sido escuchado.

4. **Responsabilidad mutua:** Los miembros del equipo se exigen mutuamente el cumplimiento de lo acordado, sin guardar rencores o esperando que el fracaso de la decisión en el futuro les permita apuntarse un tanto vacío. El "ya te lo dije", tan presente en el entorno corporativo, no suma en el mundo de las startups.

5. **Resultados colectivos:** El objetivo último es el éxito del conjunto por encima de los logros individuales. Aquí no hay espacio para victorias parciales o agendas paralelas.

Sin confianza, los equipos esconden problemas y, sin debate, las decisiones son pobres. Sin compromiso, la ejecución se diluye y sin responsabilidad, la mediocridad se normaliza. Por último, sin foco en los resultados colectivos, el proyecto se convierte en un conjunto de egos descoordinados.

Decía en el capítulo anterior que una startup es como un motor: cada pieza importa, pero lo decisivo es la sincronización. He vivido en carne propia lo difícil que es conseguir esa alineación. Cada equipo llega con su propia visión de lo que es prioritario: el área comercial presiona por funcionalidades que cierren contratos grandes con un nuevo logo y que permite cumplir la cuota del mes, el *squad* de producto insiste en seguir el *roadmap* y evitar retrasos, ingeniería pide estabilidad y tiempo para hacer las cosas bien y no acumular deuda técnica o pretende refactorizar el código con el nuevo lenguaje de moda, marketing quiere diferenciarse con campañas llamativas. Y todos pueden tener razón. Pero, si cada uno tira para su lado, la organización se convierte en una cuerda deshilachada.

Como mencionaba, el reto consiste en unificar a equipos multidisciplinares y con mentalidades distintas bajo un conjunto único de objetivos. Eso implica crear espacios donde los conflictos se resuelvan rápido y no se cronifiquen. Y, sobre todo, significa abrazar un principio clave que está embebido en la pirámide de Lencioni, el *disagree and commit*.

He visto funcionar este concepto, popularizado por Jeff Bezos,[1] en algunos de los mejores grupos humanos con los que he trabajado, no siempre sin dificultades. No se trata de eliminar el desacuerdo ni forzar un consenso artificial, algo imposible y hasta indeseable. Se trata de fijar reglas informales del debate, encontrar maneras aceptables de encontrar una verdad y decidir cómo avanzamos a pesar de la falta de acuerdo. Discutimos, debatimos, incluso nos gritamos si hace falta, pero, cuando se toma una decisión, todos la apoyamos como si fuera propia, sin resentimientos y sin dejar cuchillos bajo la mesa.

Practicando el *disagree & commit* en IMASTE, 2009. Imagen editada con Gemini.

Implica fomentar un debate abierto y honesto, donde se escuchen y valoren todas las perspectivas, incluso las que contradicen al líder o a la mayoría. Me gusta mucho esta técnica del psicólogo y premio Nobel de Economía Daniel Kahneman,[2] para tomar mejores decisiones, que legitima la duda.

---

1. Jeff Bezos y Lex Friedman: `https://www.youtube.com/watch?v=Afoh23PHVP0`.

2. The Knowledge Project Podcast: `https://www.youtube.com/watch?v=-10cairWi10`.

Antes de tomar una gran decisión, Daniel propone reunir a tu equipo y hacer que describan un *pre-mortem* de esa decisión. Se trata de una técnica de gestión de riesgos en la que, antes de iniciar un proyecto, el equipo imagina que este ya ha fracasado y trata de identificar todas las posibles razones por las que podría haber salido mal. Por ejemplo: "Han pasado dos años. Tomamos esta decisión y fue un desastre. Escribid qué salió mal". Cuando la gente está cerca de una decisión, se vuelve difícil plantear dudas y con este ejercicio cambias la dinámica y no solo permites la disensión, la habilitas y, casi, la exiges.

También ayuda seguir un marco que permita entender la criticidad de la decisión. Bezos implantó este sistema en **Amazon** para agilizar los procesos y asegurar una ejecución rápida:

- **Decisiones de tipo 2 (puerta de doble sentido):** Son decisiones reversibles que deben ser tomadas por equipos pequeños dentro de la organización. Bezos anima a los equipos a tomar decisiones tipo 2 con rapidez, aprender de ellas y ajustar según sea necesario.

- **Decisiones de tipo 1 (puerta de un solo sentido):** Son decisiones de alto riesgo e irreversibles que requieren un análisis cuidadoso y la participación de los ejecutivos. Estas tienen que ser analizadas a fondo para minimizar los riesgos.

Eso sí, una vez que se toma la decisión, me da igual con qué mecanismo, sea por consenso, votación o autoridad final del CEO, todos se comprometen de lleno con ella, aunque no fuese su opción inicial.

El proceso de *disagree & commit* tiene varias virtudes. Por un lado, acelera las decisiones; en una startup, la velocidad es crítica. Buscar consenso unánime puede paralizar. Por otro, evita el temido "ya te lo dije". Nada envenena más a una organización que guardar objeciones para usarlas como arma cuando algo falla. Y, además, refuerza la responsabilidad colectiva. El resultado pasa a ser compartido: o ganamos todos o perdemos todos.

En su libro *What you do is who you are*,[3] Ben Horowitz cuenta que, en 1995, cuando Jim Barksdale asumió el rol de CEO de **Netscape**, se dio cuenta de que la cultura de debate interno era muy lenta. En un *all hands* de la compañía lo resumió con una metáfora inolvidable:

---

3. *What you do is who you are*, Ben Horowitz.

"En Netscape tenemos tres reglas.
La primera es: si ves una serpiente, no llames
a un comité, no convoques a tus colegas, no
montes un equipo, no organices una reunión:
simplemente mata a la serpiente.
La segunda: no pierdas el tiempo jugando
con serpientes muertas. Mucha gente malgasta
horas discutiendo decisiones que ya están tomadas.
Y la tercera: todas las oportunidades, al principio,
parecen serpientes".

La historia es memorable y ayuda a fijar de manera indeleble la importancia de no desgastarse con las serpientes muertas. Una vez que entiendes que lo importante es matar a la serpiente, no quién la mata ni con qué método, se libera una oleada de energía creativa. Cuando estás construyendo algo nuevo, te vas a encontrar con muchas serpientes. Mátalas. Y hazlo rápido.

Y no olvidemos que esto también es bidireccional: a veces, es el propio líder quien debe discrepar y comprometerse con la decisión del conjunto, aunque no coincida con su instinto. Eso no resta liderazgo, lo fortalece, porque demuestra confianza, humildad y un compromiso real con la unidad de la organización.

20|09

#wearewayra
@Wayra
@WayraES
@Telefonica

Lanzamiento de la nueva marca de Wayra con todo el equipo, 2019.
Imagen editada con Gemini.

He visto, como inversor, compañías en las que los líderes creen que tienen una visión inmejorable y empujan sin pensar en las consecuencias y vigilar la salud de la organización, mientras se van generando dinámicas tóxicas, guerras internas o falta de confianza que corroen los cimientos sobre los que se tenía que estar construyendo una historia de éxito.

Es fácil decirlo, pero dificilísimo aplicarlo. En **K Fund**, esta ha sido una de las claves operativas más delicadas. En los comités de inversión no puedes aspirar a decisiones por consenso pleno en todo momento. En ocasiones, hay proyectos donde uno de los socios tiene una convicción enorme y los demás no lo vemos igual. Y, aun así, decidimos dejar que esa persona lidere la apuesta. La regla no escrita es clara: si apuestas con convicción fuerte, el resto te respalda como si la decisión fuera suya. Y, si la inversión sale mal, que pasa muchas veces en nuestro negocio, no hay reproches, sino la asunción compartida del error. Como decimos entre nosotros, hay que comerse el sapo juntos.

Sin el *disagree and commit*, un fondo de capital riesgo se convertiría en una guerra de egos y silencios pasivo-agresivos. Con él, puedes disentir con vehemencia en privado y, a la vez, mostrar unidad y convicción hacia fuera y por tanto asumir riesgos.

Esa disciplina de apoyar la decisión del grupo, aunque no fuera la tuya inicial, es lo que mantiene cohesionados a equipos en entornos de enorme incertidumbre. Sin ella, todo se enreda en luchas internas, en egos que intentan tener razón en lugar de crear valor.

La alineación, en definitiva, no es lograr que todos piensen igual, sino que todos remen en la misma dirección, aunque no estén de acuerdo en cada detalle. Y esa alquimia separa los proyectos que logran crecer con rapidez de empresa que se quedan atrapadas en el caos.

MITOS Y VERDADES

- La salud organizativa es la ventaja competitiva más sostenible, basada en confianza, cohesión y propósito. Esto no se mide con encuestas de clima. Se mide por lo rápido que un problema se pone sobre la mesa y se resuelve sin dramas ni política.

- La confianza no se construye con *team buildings* y discursos ñoños. Se construye con coherencia y vulnerabilidad sostenida: cumplir promesas pequeñas y admitir errores grandes.

- Los conflictos no son un síntoma de debilidad cultural. *Disagree and commit* es la disciplina que mantiene la unidad incluso en el desacuerdo. Debatir duro, discrepar sin miedo y luego comprometerse al 100 % con la decisión tomada evita parálisis, resentimientos y el "ya te lo dije".

HITOS Y RITOS

- ☐ Programa un *pre-mortem* del próximo gran hito antes de tomar la decisión

- ☐ Convoca una sesión de vulnerabilidad con tu equipo: cuáles son los errores recientes y sus aprendizajes. Abre las reuniones clave con un *check-in* emocional: cómo llega cada uno, en una palabra. Humaniza y desactiva tensiones invisibles.

- ☐ Pon el foco en resultados colectivos. Revisa si tus métricas e incentivos premian el logro conjunto o las agendas individuales. Refuerza públicamente cuando un equipo prioriza el bien común sobre su interés particular.

- ☐ Programa un *Kill the snake day*: una sesión mensual para cerrar debates pendientes y enterrar "serpientes muertas" que consumen energía.

¿Cuáles son los hitos y ritos que mejor te funcionan a ti que encajan con este capítulo? Entra en la comunidad y comparte con otros tu experiencia, al tiempo que encuentras más documentos que funcionan para otros.

https://latido.emprenderagolpes.com/.

CAPÍTULO 6

LA VISIÓN MÁS QUE PALABRAS EN UN POWERPOINT

Persigue la visión, no el dinero; el dinero acabará siguiéndote a ti.

—Tony Hsieh,
fundador de Zappos (*Delivering Happiness*, 2010)

Una de las frases repetidas en el ecosistema emprendedor es: "Necesitas una visión clara y ambiciosa". Suena bien, pero ¿qué significa realmente?

He visto a muchos fundadores confundir su visión con eslóganes de marketing traducidos del inglés por ChatGPT, palabras bonitas en un PowerPoint que nadie se cree ni recuerda. Pero la visión real es otra cosa, es la brújula que orienta todas las decisiones, el faro que ayuda a volver al camino cuando la realidad nos descoloca.

En **CARTO**, recuerdo que en un momento de crecimiento rápido nos reunimos con un experto en *go-to-market* americano, recomendado por nuestros inversores, y nos preguntó a Javi, Sergio y a mí, sentados alrededor de una mesa de nuestras oficinas de Bushwick, Brooklyn: "¿Por qué ganáis? ¿Qué es lo que os hace realmente únicos?".

Y lo curioso es que cada uno dio una serie de respuestas distintas, sin ser equivocadas. Era la prueba de que no habíamos hecho el ejercicio en profundidad para entender qué nos hacía diferentes. Así que nos sugirió que nos encerráramos un día entero para debatir, filtrar y escoger los diferenciadores que nos definían de forma auténtica.

A partir de ahí, obligamos a todo el equipo a aprenderlos de memoria, no como un mantra vacío, sino entendiendo de verdad qué significaban más allá del marketing, y haciéndolos tuyos, porque, si puedes cambiar el nombre de tu empresa por el de tu competidor en el título de la diapositiva y siguen funcionando igual, no son tus diferenciadores en realidad. La propuesta de valor completa incluye todos esos diferenciadores y los transforma en valor empresarial tangible.

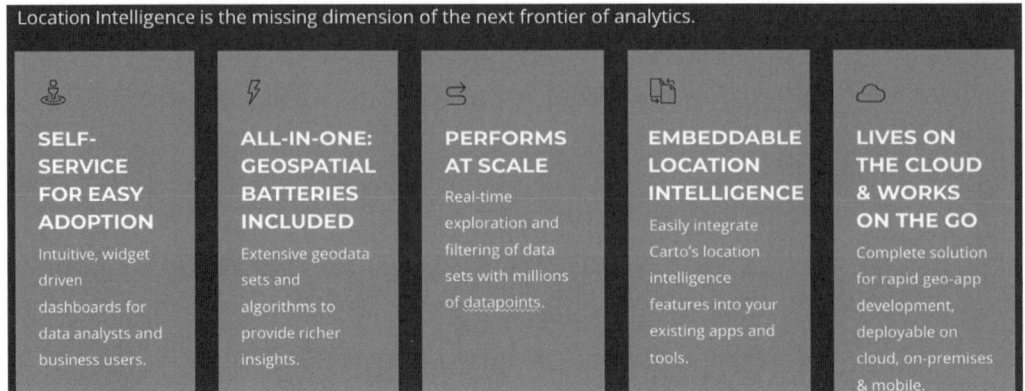

Diferenciadores de CARTO, 2016.

De ese ejercicio salió una lección clave: la visión necesita pilares, que te ayuden a afilar tus diferenciadores, porque, cuando empiezas a emprender, no hay que hacer todo bien, pero lo que te hace único lo tienes que hacer mejor que nadie.

Tomé el concepto del CEO de Medtronic, Bill George de su libro *True North*, que habla de los "postes largos de la tienda de campaña": los grandes diferenciales que sostienen tu identidad. La fórmula es sencilla:

"Nuestra visión es [X], a través de [Pilar 1], [Pilar 2] y [Pilar 3]".

Para **CARTO** eso significaba en su momento:

"Nuestra visión es democratizar el acceso a la inteligencia geoespacial, a través de datos curados y actualizados a tiempo real, con un motor de analítica en la nube y con interfaces y APIs que se adaptan a todo tipo de flujos de trabajo".

Y, aplicando el mismo ejercicio a las visiones de algunas de las compañías más relevantes del mundo, podrían quedar así:

- **Google:** "Organizar la información del mundo y hacerla universalmente accesible y útil, a través de una infraestructura global de computación, algoritmos avanzados de búsqueda y modelos de IA y productos intuitivos que integran esa inteligencia en la vida diaria".

- **Nvidia:** "Impulsar la computación para resolver los retos más complejos del mundo, a través de arquitecturas GPU de alto rendimiento, plataformas de software y *frameworks* para IA con ecosistemas abiertos que permiten a desarrolladores y empresas construir el futuro de la inteligencia artificial".

- **Apple:** "Crear tecnología que mejore la vida de las personas, a través de un diseño de producto obsesivamente integrado, un ecosistema de hardware y software que funciona de forma fluida y segura y experiencias centradas en el usuario que combinan simplicidad, estética y rendimiento".

- **Netflix:** "Entretener al mundo, a través de un catálogo global de contenidos originales y licenciados, una plataforma de *streaming* personalizada por datos y algoritmos y una experiencia de usuario disponible en cualquier dispositivo, en cualquier momento y con calidad impecable".

- **OpenAI:** "Garantizar que la inteligencia artificial beneficie a toda la humanidad, a través de modelos avanzados de IA entrenados de forma segura, una investigación abierta y responsable y productos que ponen estas capacidades al servicio de individuos, empresas y desarrolladores".

Tres o cuatro pilares parecen un número ideal. Es una cantidad fácil de recordar, fácil de transmitir y lo bastante amplia para abarcar tu estrategia, pero suficientemente concreta para marcar un rumbo. Todo lo que haces debería poder trazarse de vuelta hasta esos tres pilares, cada funcionalidad en el *roadmap*, cada campaña de marketing, cada métrica clave. Pensando en una analogía de mi pasado como ingeniero de caminos, los cimientos de la estructura son la visión y los objetivos a largo plazo, junto con los principios y valores que rigen el modo de actuar. La cadencia operativa son los sistemas eléctricos y la fontanería que permiten que agua y energía llegue a todo el edificio en la cantidad y momento adecuados y la cultura es el forjado que entrelaza las piezas y evita que se nos caiga el suelo cuando le ponemos cargas en el día a día.

Lo importante de los pilares no es solo la claridad, sino la disciplina que generan. En un mercado competitivo, diferenciarte es vital y la tentación constante es diluirte con cada nueva petición de cliente. Una corporación importante te pide una funcionalidad, pagada claro, y te desvías un poquito. Otro te sugiere una integración fundamental para ellos, y te desvías más. Si dices que sí a todo, acabas redondeando tu producto, hasta perder la identidad.

No quiero ser un fundamentalista, porque el objetivo primordial del emprendedor es conseguir que el proyecto sobreviva mientras encuentra su *product-market fit* y esto puede implicar aceptar compromisos y hacer esfuerzos extras de adaptación a necesidades de clientes que pueden o no ser replicables para todos los demás. Solo aquel que se ha encontrado con el agua al cuello puede entender que en ocasiones una desviación a tiempo del camino puede haber sido la tabla de salvación para seguir intentándolo un día más.

Los pilares que menciono son, en todo caso, el antídoto contra la tentación del desvío continuo. Te obligan a pensar por qué haces las cosas, a filtrar, a decir que no a lo que no encaje, a mantener la coherencia. Y eso, aunque duela, es lo que te hace realmente diferente.

Airalo, compañía en la que invertimos desde Wayra UK, se construyó alrededor de una necesidad muy real, la de facilitar que los viajeros puedan conectarse sin preocuparse por el *roaming*. Su misión incluye "aliviar el estrés y mejorar el bienestar de las personas que quieren tener conexión en cualquier parte del mundo". Buscando el diferenciador, no se trata de solo "ser otro proveedor de datos", sino "ser la opción de referencia para el viajero moderno global". Podríamos articular sus pilares así:

- **Visión:** "Convertirnos en la opción de referencia para cualquier viajero, en cualquier destino, eliminando la fricción de la conectividad internacional".

- **Pilar 1:** Simplicidad y experiencia de usuario: instalación de eSIM rápida, sin complicaciones, cobertura global desde el primer minuto.

- **Pilar 2:** Enfoque global con cobertura flexible y expansión ágil: operar en más de 200 destinos, atender tanto al turista como al nómada digital.

- **Pilar 3:** Fiabilidad y confianza digital: seguridad de datos, soporte multi-lingüe, transparencia en tarifas (evitar cargos sorpresa por *roaming*).

Por tanto, buscan afilar su propuesta alrededor de la experiencia del viajero, simplificando procesos y evitan redondearse al huir de la dependencia de intermediarios o ampliar su oferta con demasiados productos u ofertas. La visión no siempre tiene que ser revolucionar el mundo entero desde el primer día, sino desde lo que haces mejor que nadie y puedes escalar aplicando ese filtro.

Una vez que defines "el qué", la visión, no está de más que pienses en "el cómo", cuáles serán los principios que quieres que siga todo el equipo para conseguir los objetivos.

En **CARTO** los llamábamos "*shared habits*" porque son formas de comportamiento que nos parecía importante compartir entre todo el equipo.

SHARED HABITS

On the trail, we use some specific habits to feeds ourselves, collaborate usefully, protect our limited time and resources, and guide our course. We like to:

Take responsibility

- Come with solutions.
- Take smart risks.
- Protect our limited resources.

Speak Openly & Honestly

- Communicate clearly and kindly.
- Seek and provide feedback.
- Act in good faith.

Seek Understanding

- Define success at the start.
- Embrace different perspectives & cultures.
- Practice humility.

Support Each Other

- Extend an open hand.
- Good humor and 'thanks!'

Get Things Done

- Move with urgency.
- Be efficient and resourceful.
- Be proactive.

Principios en CARTO, 2017.

En mi experiencia, las organizaciones que logran articular bien sus pilares y definen unos principios de actuación aceptados y asumidos por todos son las que transmiten una visión coherente tanto hacia dentro como hacia fuera. No es casualidad que sean también las que terminan levantando más capital y atrayendo mejor talento.

Porque la visión no es un eslogan, es un pegamento cultural y estratégico.

MITOS Y VERDADES

- Decir que sí a todo lleva a perder identidad; los pilares te obligan a decir que no con criterio, incluso cuando duele.

- La visión no es un eslogan inspirador para poner en la web o en el *pitch deck*, es una brújula. No sirve repetir frases bonitas en un PowerPoint, la visión debe guiar decisiones y marcar rumbo en el caos.

- Los pilares son el filtro de tu identidad. Los diferenciadores no son atributos de marketing. Tres diferenciadores claros y auténticos, los "postes largos de la tienda", sostienen tu estrategia y evitan que te diluyas con cada petición de cliente.

- La visión no se comunica una vez y ya está. Se entrena. Hay que repetirla, explicarla y demostrarla hasta que cada persona del equipo pueda defenderla con sus propias palabras.

HITOS Y RITOS

- ☐ Redacta tu visión en una frase comprensible por un cliente. Incluye también por qué tú y tu equipo vais a batir a la estadística, que está en vuestra contra.

- ☐ Formula tu visión con el patrón: "Nuestra visión es [X], a través de [Pilar 1], [Pilar 2] y [Pilar 3]." Selecciona 3 pilares y la métrica de éxito de cada uno.

- ☐ Ensayo de *elevator pitch* por todo el equipo (prueba ciega). Asegúrate de que todos los miembros del equipo puedan repetir los pilares y explicarlos con sus propias palabras.

- ☐ Realiza un *workshop* de diferenciadores: reúne al equipo directivo y pregunta "¿por qué ganamos?" y "¿qué nos hace únicos?". Si las respuestas difieren, falta alineación.

¿Cuáles son los hitos y ritos que mejor te funcionan a ti que encajan con este capítulo? Entra en la comunidad y comparte con otros tu experiencia, al tiempo que encuentras más documentos que funcionan para otros.

https://latido.emprenderagolpes.com/.

CAPÍTULO 7

KPIS, CADENCIA Y EL ARTE DE MEDIR SIN AHOGAR

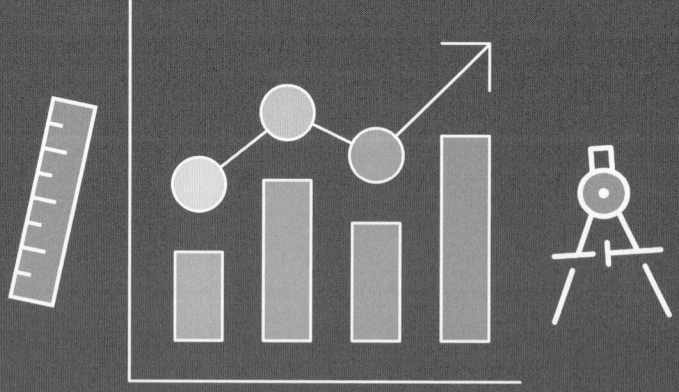

Lo que se mide se gestiona.

—Peter Drucker,
***The Practice of Management*, 1954**

Una vez que tienes visión y sus pilares, surge una pregunta inevitable: ¿cómo sabemos si vamos bien? Aquí entran en juego los KPIs, porque sin datos no podrás destilar toda tu organización en un puñado de cifras objetivas que te den un pulso absoluto de cómo van las cosas.

Cada golpe del mercado te lleva fuera de tu rumbo marcado y eso es natural. Lo importante es saber que ya no estás en el espacio que esperabas, por qué ha sucedido y encontrar la manera de volver a tu camino, con un ciclo infinito de iteraciones *off-course and correct* (desviarse y corregir). Gran parte de la labor de un COO es gestionar esas desviaciones y evitar que la compañía diverja tanto que tras unos meses nadie recuerde siquiera por qué hacíamos las cosas.

Susan Jeffers, en *Feel the fear and Do It Anyway*.

Como dice Susan Jeffers, "el truco en la planificación estratégica no es preocuparse por tomar una decisión equivocada, sino aprender cuándo corregir".

En mi experiencia, los KPIs son como el GPS de un coche: no son el destino, pero te dicen si te estás moviendo en la dirección y a la velocidad correctas. Y aquí es donde muchos emprendedores se pierden en los extremos: o no miden nada o intentan medirlo todo.

Mi recomendación es empezar simple, con una jerarquía de tres niveles:

1. **Objetivo temático anual:** Define un gran faro del año, como un *leitmotiv* ambicioso e inspirador. Ejemplo: "Conseguir entrar en el mercado de EE. UU. con logos de primer nivel y *partners* ancla".

2. **Objetivos estratégicos por área:** Desglosados en metas específicas para ventas, producto, marketing, operaciones. Siempre relacionados con el *leitmotiv* anual.

3. **Objetivos tácticos y KPIs:** Pocas métricas críticas, claras y accionables, que midan el progreso real.

Esos objetivos deben ser inspiradores, accionables por tu equipo y coherentes tanto con tu visión como con las prioridades de la compañía. No deberían ser meras aspiraciones, sino metas claras y conectadas con el propósito común. Puede venirte bien aplicar el clásico filtro SMART (*Specific, Measurable, Achievable, Results-oriented, Targeted*), es decir, que sean específicos, medibles, alcanzables, orientados a resultados y con un objetivo concreto.

También conviene comprobar si la métrica elegida es realmente un indicador adelantado, es decir, si anticipa resultados futuros, y si cuenta con métricas de contrapeso que eviten sesgos o perversiones. Por ejemplo, podrías aumentar el número de usuarios regalando el producto, pero a costa de tus ingresos ¡y eso no es lo que quieres!

Y es bueno definir de antemano si esos objetivos son binarios (se cumple/no se cumple) o continuos que se miden por tendencia o progreso, no por un hito puntual.

Cada KPI debe tener un marco claro de medición, un responsable y estar formulado de forma relativa y no absoluta para poder evolucionar con el tiempo, no se trata de sumar mil usuarios más, sino de crecer un 20 %, de 5.000 a 6.000.

Por último, asegúrate de que ese crecimiento no se deba solo a la inercia del negocio. Un buen objetivo debe reflejar progreso real, no una actividad vacía, evitando el riesgo de tomar número de actividades y no resultados como una medida de éxito y permitiendo que se pueda resolver el resultado o estado final previsto de muchas maneras posibles, para dar rienda suelta a la creatividad del equipo.

Lo que te propongo se parece bastante a los manidos OKR, pero sin ser esclavo de su metodología, que acabe convirtiéndose en una tortura semanal. Y como dicen los americanos: "*Avoid biting off more than you can chew*", no intentes abarcar más de lo que tu equipo pueda asumir. Si te vienes demasiado arriba, puedes dividir los objetivos en piezas más pequeñas y digeribles y para marcar un nivel de exigencia suficiente, sería razonable que puedan conseguirse en un 70 % con un desempeño positivo.

He aprendido también que los datos deben revisarse con una cadencia regular y disciplinada. En **Telefónica**, recuerdo una anécdota gráfica. Me traje el sistema que teníamos en **CARTO** de clasificar los objetivos del trimestre para su revisión *a posteriori* con bolitas rojas, amarillas o verdes según su grado de consecución.

Color verde si avanza según lo previsto, amarillo si está en riesgo, rojo si está atascado. Incluso metimos la opción de tachar y obviar un objetivo si habíamos decidido por algún motivo que no íbamos a seguir por ese camino durante esos meses, lo cual es un ejercicio muy sano.

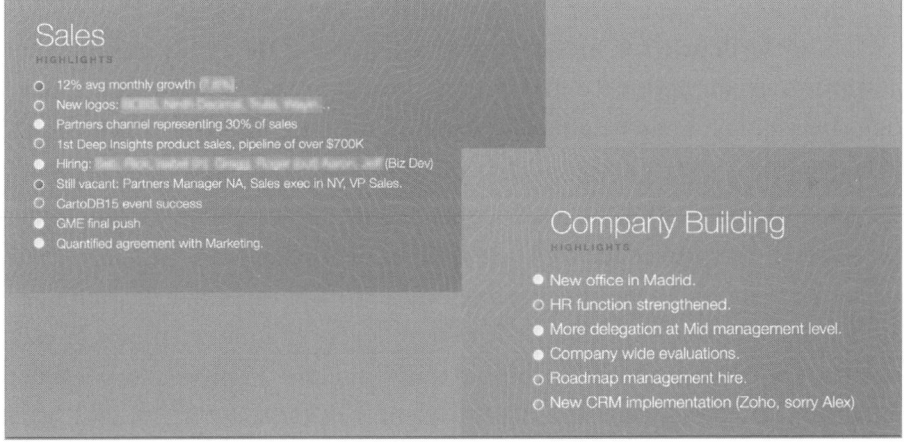

Stage gates en CARTO, 2017.

Al principio, en nuestras revisiones en la corporación, todo eran bolitas verdes. Nadie se atrevía a reconocer un problema y parecía que todo iba perfectamente, pero, claro, eso era imposible, así que obligué a mis subordinados a incluir los proyectos que estaban estancados o a medio gas. Pero entonces empezaron a aparecer bolitas de color naranja o con medio círculo en rojo y otro medio en verde como la bandera de Portugal. Incluso empezaron a desaparecer misteriosamente algunos objetivos del trimestre pasado, "no se habla de Bruno, no no". Todo para evitar ser reprendidos por cosas que no fueran según el plan. Esa cultura de ocultar los problemas aguas arriba es terriblemente perniciosa para poder avanzar con rapidez.

Porque las cosas siempre salen fuera de plan, así que, después de algunas iteraciones, todo el equipo entendió que es justamente en la discusión de las bolas amarillas y rojas donde podemos avanzar en nuestros objetivos y para eso debían atreverse a reconocer los problemas. Esa honestidad es la base de una verdadera *accountability*. Y también es muy importante dejar claro quién es el dueño de cada resultado, para evitar que se diluya la responsabilidad y se distribuyan las culpas entre el equipo, destruyendo la moral.

Otro riesgo es incluir en los objetivos proyectos que no son angulares ni claves para el trimestre, sino que representan el *business as usua*l de la compañía y, por tanto, no sirven para mover la organización al siguiente nivel.

Me gusta la definición del sistema EOS (*Entrepreneurial Operating System*) de esos objetivos. Los llama "*rocks* trimestrales" y su nombre proviene de la metáfora de Stephen Covey[1] de llenar un tarro con rocas grandes primero (lo más importante), antes de añadir arena y agua (las tareas menores).

Las *rocks* deben ser metas concretas, claras y medibles que puedan alcanzarse en un periodo de 90 días. Representan las 3-7 prioridades clave del trimestre, evitando dispersión y ayudando a concentrarse en lo esencial.

Llámalos como quieras, pero esos objetivos permiten generar foco, filtrando lo que no es esencial. Dice el CEO de Snowflake Frank Slootman: "Si tienes cinco prioridades, en realidad no tienes ninguna". Además, cada uno debe tener un dueño responsable y un resultado esperado, de modo que al final del trimestre se evalúa si se ha completado. Algunos ejemplos de esos objetivos pueden ser lanzar una nueva funcionalidad del producto, contratar al nuevo CTO o reducir la rotación de clientes en un X %.

Los KPIs y los objetivos no deben convertirse en una camisa de fuerza. Una vez tuve a alguien en el equipo que, ante una petición de realizar una tarea urgente, respondió: "Es que eso no está en mis KPIs". Se llevó una de

---

1. Big Rocks video by Stephen Covey, https://www.youtube.com/watch?app=desktop&v=xWQWYYDBl7o.

las mayores broncas que he echado nunca, porque esa frase revela un enorme peligro, cuando las métricas se convierten en excusa para no pensar ni improvisar fuera de tu definición del rol. ¡Como si fuera posible definir los roles con claridad en una startup!

Por eso insisto en dejar espacio para la intuición, la improvisación y lo que yo llamo los "KPIs no medibles": dejar siempre un porcentaje del 10-20 % discrecional a la creatividad, la moral y motivación, la capacidad de adaptarse y premiar esa actitud.

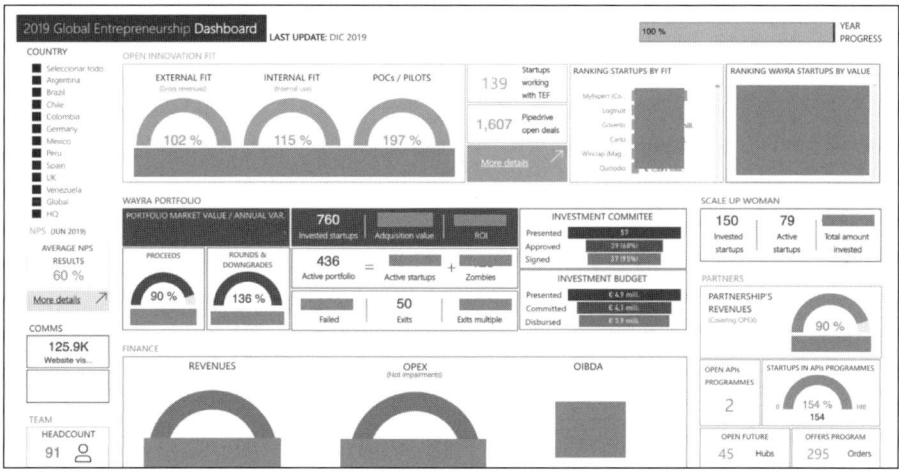

Dashboard de KPIs para toda la organización, Wayra, 2020.

Si hay un concepto que me hubiera gustado interiorizar mucho antes en mi carrera como COO es el de la cadencia operativa. Lo descubrí tarde, gracias a David Sacks y su estupendo artículo *The Cadence: How to Operate a SaaS Startup.*[2]

Cuando lo leí, me llevé una bofetada de realidad, porque ahí estaba resumido, con precisión quirúrgica, lo que yo había vivido en carne propia durante años, pero sin saber ponerle nombre y cómo sistematizarlo de una manera tan precisa, sencilla y elegante.

2. The Cadence: How to Operate a SaaS Startup, `https://medium.com/craft-ventures/the-cadence-how-to-operate-a-saas-startup-436aa8099e8`.

A partir de cierto tamaño, entre 50 y 500 empleados, aparecen silos funcionales entre departamentos de ventas, marketing, soporte o producto. Además, se contratan nuevos mánagers y la organización se vuelve mucho más jerárquica. Todos estos factores generan desconexión entre áreas y, a menudo, desorganización por falta de un liderazgo claro. Lo que antes era un río fluido de comunicación se convierte en compartimentos estancos y, paradójicamente, cuanto más éxito tiene el proyecto, más crece ese desorden.

Desconexión + desorganización = caos elevado al cuadrado.

La propuesta del artículo de Sacks no es meter más gente ni más procesos para resolver la desorganización, sino que plantea un cambio de filosofía, poner a la empresa en una cadencia. Significa sincronizar a toda la organización alrededor de ciclos claros y repetibles, que reduzcan la incertidumbre y alineen esfuerzos.

"The Cadence" define una filosofía de operación que marca un ritmo de gestión para la empresa. No se trata de esperar a contratar al COO perfecto que resuelva el problema, sino de implantar un sistema de funcionamiento ordenado que ponga a todos en la misma página y reduzca el caos inherente al crecimiento.

David Sacks distingue en su artículo dos agrupaciones de sistemas:

- El sistema de Ventas y Finanzas, con su calendario trimestral, *kickoffs* de ventas, revisiones de *pipeline*, *board meetings* y cierres alineados con el año fiscal.

- El sistema de Producto y Marketing, también en ciclos trimestrales, pero desfasados con el sistema anterior, para poder lanzar funcionalidades y campañas de forma planificada y dar soporte a las ventas.

Cuando juntas estos dos sistemas, creas el esqueleto que sostiene el cuerpo de la startup. Entonces dejas de improvisar todo el tiempo y empiezas a operar con un ritmo reconocible, casi como un pulso vital. Y esas cuatro funciones principales (las ventas, las finanzas, el producto y el marketing), se gestionan, de manera natural, en un ciclo trimestral.

Sin embargo, no se trata del mismo ciclo. Ventas y Finanzas pueden seguir un mismo calendario, mientras que Producto y Marketing siguen otro. Si unes ambos calendarios y los decalas uno del otro en mes y medio, se crea una cadencia operativa única para la empresa. En ese momento, los hitos y eventos clave de estos sistemas solapados generan oportunidades de comunicación y colaboración a nivel de toda la compañía, una especie de superestructura para la organización.

Como dice David Sacks, Ventas y Finanzas funcionan bien juntos en un calendario trimestral con hitos y rituales muy marcados que van desde la fijación de cuotas, los cierres de ventas, los SKO a las reuniones del consejo, etc. Producto y Marketing, en cambio, trabajan en ciclos distintos, más centrados en la innovación y en campañas externas de atracción de clientes. La clave de todo el tinglado está en sincronizar ambos ritmos, en crear una metacadencia que los haga bailar al mismo compás y, por otro lado, evita que Ventas ejerza una tiranía sobre el *roadmap* de desarrollo y crea aliados muy necesarios entre Producto y Marketing.

Una vez que juntas todo, queda así de espectacular como lo mostró Sacks en una charla de Saastr:[3]

Mes 1. Planifica.

Semana 1	Preparación para el inicio de ventas (*sales kickoff*). Finalización de los nuevos planes de ventas, territorios y cuotas. Finanzas cierra el trimestre.
Semana 2	**Inicio de ventas (*sales kickoff*).** Los *product managers* (PM) presentan en el SKO. Preparación para la reunión del consejo.
Semana 3	**Reunión del consejo.**
Semana 4	Priorización de la hoja de ruta (*roadmap*) del producto para el próximo trimestre. Congelación de código/Inicio del control de calidad (QA) para este trimestre.

The Cadence: How to Create Your SaaS Army.
David Sacks, Sasstr, 27 de mayo, 2020.

3. Saastr presentation by David Sacks, https://es.slideshare.net/slideshow/the-cadence-how-to-create-your-saas-army/236439376.

Mes 2: Lanza.

Semana 5	Revisión de diseño para el próximo trimestre. Vista previa del evento de lanzamiento para la empresa. Lanzamientos de versiones beta cerradas.
Semana 6	Preparación final del evento. Material publicitario de marketing finalizado.
Semana 7	**Evento de lanzamiento** Reunión del consejo asesor de clientes.
Semana 8	Informe de resultados del evento de lanzamiento. Celebración y reconocimiento de la empresa. Los representantes de ventas utilizan las noticias de marketing para captar clientes potenciales. Corrección de errores (*bug fixes*). Lanzamiento del próximo trimestre finalizado.

The Cadence: How to Create Your SaaS Army.
David Sacks, Sasstr, 27 de mayo, 2020.

Mes 3: Cierra.

Semana 9	Comienza la programación de la próxima versión. Repaso de la cartera de ventas (*pipeline*). Finanzas realiza comparativas frente a modelos.
Semana 10	Marketing comienza a planificar el próximo evento de lanzamiento.
Semana 11	*Sales Operations* comienza a planificar el próximo SKO.
Semana 12	Ventas cierra el trimestre.

The Cadence: How to Create Your SaaS Army.
David Sacks, Sasstr, 27 de mayo, 2020.

¡Y después repite el ciclo con pequeñas adaptaciones en cada iteración!

Aprovecho para mencionar la potencia de los *deadlines* externos como un acelerador del ritmo sin generar tanta tensión entre las personas del equipo. Si anuncias un evento de marketing cada tres meses para lanzar al mercado las nuevas funcionalidades del producto, atadas con algún evento sectorial del mercado, tus *squads* de tecnología y producto no estarán indignados por tu aparente arbitrariedad poniendo fechas de entrega poco realistas porque te da la gana. Es el *deadline* del evento el que os mueve a todos y os une.

Ese ritmo que propone Sacks genera algo fundamental: *momentum*, ese círculo virtuoso en el que cada logro empuja al siguiente, creando una dinámica de confianza y energía que multiplica la capacidad de ejecución. Lo contrario, el círculo vicioso del estancamiento, es letal y se manifiesta en reuniones sin decisiones, objetivos que se mueven o equipos desmotivados.

Me gusta mucho una historia que cuenta mi gran amigo Iñaki Berenguer (gran emprendedor en serie de compañías como Pixable o Coverwallet e inversor en LifeX), en la que compara una startup con uno de los galeones que llegaban de América por Palos de la Frontera en el siglo XVII, cargados de oro y plata.

Al paso por el Guadalquivir, el capitán (*aka.*, el emprendedor) posaba, gallardo, en la proa, para que le vieran desde la orilla y todos se emocionaban imaginando ese barco lleno hasta los topes de tesoros y riquezas. Pero lo que no podían ver desde la distancia es que dentro del barco los tripulantes morían a puñados de hambre y escorbuto, y el oro estaba sepultado por montones de mugre y ratas. Y si el barco tenía la desgracia de hundirse antes de llegar a puerto, como ocurría muchas veces, nadie se acordaba después de las hazañas del capitán y sus bravos marineros, y el oro se quedaba para siempre enterrado en el lecho del río.

Las startups, como animales extremadamente ciclotímicos, sufren algo parecido, porque, si todo va bien, irá aún mejor, pero, en cuanto algo empieza a ir mal, se abren vías de agua por todo el casco. Los círculos virtuosos generan un *momentum* que actúa como un viento de cola maravilloso que te empuja tanto en la búsqueda de nuevas inversiones, como en la captación de talento o la búsqueda de nuevos clientes. En cuanto consigues inversión de fondos *tier* 1, es cuando despiertas más interés de todos los demás VC (nuestro momento de más *inbound interest* en CARTO fue justo después de levantar la serie B con Accel, cuando ya no lo necesitábamos, claro).

Por otro lado, en cuanto eres capaz de atraer grandes desarrolladores o personajes con prestigio dentro de un ecosistema, entonces se produce un efecto llamada por el que no solo su red, sino el resto de los profesionales más capaces, se fijan en tu *scaleup* como un destino muy deseable. De pronto, es más fácil encontrar talento, los buen@s atraen a otros aún mejores y se crean equipos de alto rendimiento y una emocionante sensación de pertenencia.

Y, en cuanto cierras un contrato difícil y complicado con un gran cliente corporativo, que te abre la puerta y te ancla en una nueva industria, otras grandes compañías se empiezan a fijar en ti, ya que resuelves un problema relevante para sus pares y la percepción del riesgo es mucho menor, por la credibilidad que te otorga pasar los procesos de *compliance*, compras y evaluación de ese nuevo cliente. Por tanto, el anuncio de tu acuerdo con la compañía A y la publicación de su *case study* te sirve para generar muchos nuevos contactos en el mismo sector y dar gasolina a tus comerciales durante semanas. Y la vida parece maravillosa.

Momentos de celebración en CARTO, 2016, Imagen editada con Gemini.

Pero, en cuanto se tuercen las cosas, que siempre se tuercen, con pérdida de talento clave porque se termina un ciclo (y los ciclos suelen durar lo que el *vesting*, unos cuatro años de media), o porque pierdes un cliente importante que ha cambiado a sus decisores o campeones internos, o cuando llevas un tiempo sin ronda y parece que nunca llegarán las métricas que te permitan justificar una nueva valoración *post-money* que contente a toda tu base inversora. Entonces parece que todo va a ir mal, aparecen nubarrones muy negros y se pone en entredicho el liderazgo, el producto o cada una de las decisiones tomadas en el pasado. Y la ambición y valentía parecen negligencia.

En realidad, el barco es el mismo, con el mismo oro en la bodega y el mismo potencial, riesgos y oportunidades en el casco. Es importante mantener la cabeza fría en esos momentos más bajos y no dejarse arrastrar por el pesimismo. Las startups son montañas rusas emocionales que exigen tener una enorme resiliencia para aguantar esta larga carrera de fondo. Es el momento entonces de crear un *momentum* positivo, que permita cortar de raíz las malas vibraciones y revertir el círculo vicioso por otra ronda de virtuosismo de los que disrumpen industrias enteras. Entonces es cuando merece la pena hacer un esfuerzo extra para convencer a ese fichaje estrella que poder anunciar en el blog y que dé una fuerte señal interna y externa, cueste lo que cueste. Toca empujar más que nunca ese cliente que se resiste, para que firme y anuncie públicamente lo contento que está de trabajar contigo, y hay que tener el ojo muy cerca del *burn rate* para que, en esos meses más complicados, no se desboque el gasto y la caja siga con fondos suficientes hasta que escampe el temporal y vuelvan a alinearse los astros a nuestro favor.

Como dice Jason Lemkin, (CEO de Saastr, emprendedor en serie, inversor y el mejor gurú que puedes seguir para crecer), las startups (sobre todo las que tengan modelos de negocio SaaS con sus ingresos recurrentes y crecimientos compuestos) "que pasan de 10 millones de ingresos son indestructibles".[4] Aunque los crecimientos no siempre son lineales, sino que pasan por estancamientos o *plateaus*, que a veces duran más de lo esperado. En esos momentos hay que seguir remando ¡que el puerto está mucho más cerca de lo que parece!

Yo he vivido ambos extremos. Recuerdo, en todas mis compañías, etapas en las que todo fluía y cada semana había una buena noticia que compartir, un cliente nuevo, un lanzamiento, un hito cumplido. El equipo iba con una sonrisa, como esquiadores encadenando giros perfectos cuesta abajo. Como si fuera una bola de nieve, cuando empieza a rodar cuesta abajo, gana velocidad, atrae más recursos, más talento, más clientes. Y recuerdo también otras épocas en que todo eran excusas, retrasos y dudas, y sentías que estabas en una pista de hielo, resbalando hacia atrás. La diferencia no estaba en el talento del equipo o en las bondades del producto, sino en el *momentum* que generaba (o no) la cadencia y también, por supuesto, la suerte.

---

4. Interview with Jason Lemkin, `https://www.levelingup.com/ growth-everywhere-interview/jason-lemkin/`.

Si las cosas se desalinean, entras al círculo vicioso donde cada retraso o fracaso debilita la moral y complica aún más el siguiente paso. Cuando la bola se para o, peor, empieza a rodar cuesta arriba, cada tropiezo pesa más, cada error se magnifica y la energía del equipo se drena. Quiero pensar que el *momentum* no se improvisa, se construye. Y lo más curioso es que, muchas veces, el factor que lo desencadena no es el más llamativo, sino un hito que da confianza. Puede ser cerrar un cliente de referencia, levantar una ronda o lanzar una funcionalidad que por fin engancha. Ese hito es gasolina para el equipo, señal para el mercado y excusa para volver a llamar a las puertas de clientes e inversores.

En **IMASTE**, mi primera empresa, lo viví en primera persona. Durante meses, cuando lanzamos nuestra plataforma de ferias virtuales, parecía que nadábamos contra corriente. Pero un contrato con un gran cliente como fue Monster.com, el mayor portal de empleo del mundo en su momento, cambió la percepción de todo el mundo: de repente, éramos "los que habían convencido a esa gran corporación en el proceso de selección de herramientas de *webcasts* y eventos virtuales". Esa validación externa multiplicó nuestra credibilidad y atrajo nuevas oportunidades. El producto era el mismo, el equipo el mismo, pero la narrativa había cambiado.

El gran reto del COO es no dejar que la bola se pare, porque recuperarla después es mucho más duro. Y aquí vuelvo a mis obsesiones: visión clara, cadencia operativa y *accountability*. Todos ellos son mecanismos para mantener el círculo virtuoso contra viento y marea.

Cuando alguien me pregunta qué diferencia a las *scaleups* que tienen éxito de las que se quedan en el camino, parte de la respuesta tiene que ver con cómo gestionan su *momentum*. No basta con tener razón ni con tener el mejor producto. Hay que saber encadenar pequeñas victorias para convertirlas en una ola que te empuje hacia adelante.

En definitiva, medir es mucho más que contar números, es crear un pulso que marque el ritmo de la organización. Y ese latido es lo que mantiene viva la visión en el día a día. Recordemos esta gran frase de Fred Wilson, *general partner* de USV, "las mejores empresas con las que trabajo tienen un latido propio; operan con un paso, una cadencia y un ritmo que resultan perceptibles para todos los que están dentro y alrededor de la compañía".

La cadencia es la coreografía que evita que el día a día se convierta en una fiesta improvisada. Es el metrónomo que marca el compás. Y, paradójicamente, es lo que permite a los equipos ser más creativos y arriesgados, porque el marco de actuación está claro.

MITOS Y VERDADES

- Los KPIs, como buenos datos, son brújula, no destino: selecciona pocos, críticos y accionables.

- La cadencia operativa crea *momentum*; sin un ritmo compartido, los equipos caen en el caos. Con cadencia, cada logro empuja al siguiente y se construye un círculo virtuoso.

- La cultura de la honestidad es esencial. Las "bolitas rojas y amarillas" importan más que las verdes: reconocer problemas sin miedo es la base de la *accountability* real.

- El *momentum* es el viento de cola de las *scaleups*. Encadenar hitos visibles, clientes, rondas, lanzamientos, multiplica la moral, atrae recursos y convierte la narrativa en motor de crecimiento.

HITOS Y RITOS

- ☐ **Define tu jerarquía de objetivos:** Redacta un *leitmotiv anual* ambicioso y claro. Desglósalo en objetivos estratégicos por área (ventas, producto, marketing, operaciones). Selecciona 3-7 *rocks trimestrales* clave con responsables y resultados medibles.

- ☐ **Establece la cadencia:** Semanal, táctica, mensual de negocio, trimestral estratégica, e implanta revisiones regulares con semáforo (verde, amarillo, rojo).

- ☐ **Construye y protege el *momentum*:** Celebra públicamente cada hito importante (cliente, ronda, funcionalidad). Úsalos para generar nuevas oportunidades: más inversores, más talento, más clientes. Busca un "golpe de efecto" que reavive la narrativa y corte el círculo vicioso.

¿Cuáles son los hitos y ritos que mejor te funcionan a ti que encajan con este capítulo? Entra en la comunidad y comparte con otros tu experiencia, al tiempo que encuentras más documentos que funcionan para otros.

https://latido.emprenderagolpes.com/.

CAPÍTULO 8

EL *ROADMAP*:
AFILAR, NO
REDONDEAR

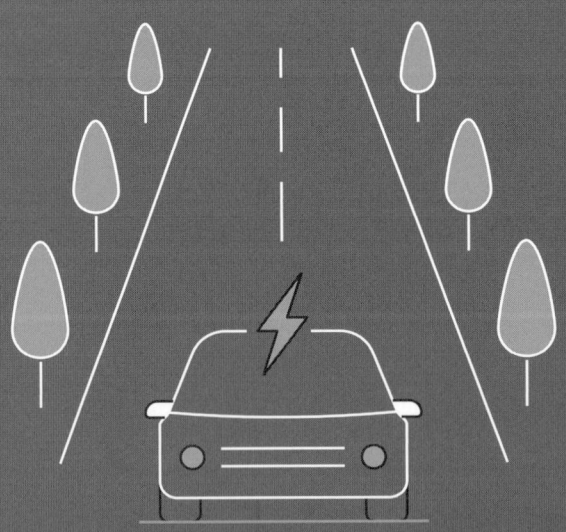

La esencia de la estrategia
es elegir qué no hacer.

—Michael Porter,
"What is Strategy?", *Harvard Business Review,* **1996**

E l *roadmap* de producto suele ser uno de los artefactos que más fricción generan. Todo el mundo quiere influir sobre el *roadmap* con motivaciones legítimas, desde Ventas que necesita conseguir su cuota trimestral con las promesas a sus clientes estratégicos, Marketing con su visión de diferenciación, Soporte con las quejas de usuarios e incluso los propios fundadores con sus obsesiones personales. El dilema es continuo, ¿cómo decidir qué entra y qué no en el *roadmap*?

Para mí, la clave siempre ha sido pensar el *roadmap* como una herramienta estratégica, no como una lista de tareas técnicas en la que todo está siempre retrasado o, como le gustaba decir al inefable Javier Santana, CTO de CARTO y Tinybird, "eso son dos desarrolladores y dos semanas". Es, en esencia, la traducción práctica de la visión y los pilares. Y, por tanto, debe cumplir con un principio sagrado que he insinuado previamente: hacerte más afilado, no más redondeado.

Cada decisión de producto debería reforzar aquello que te hace único, no diluirlo. El riesgo está en escuchar demasiado las *feature requests* de los clientes. Porque sí, la voz del cliente es vital, pero a menudo lo que piden es que te parezcas más a tu competencia, que por otro lado lleva decenas de años creando una plataforma que tiene todo tipo de funcionalidades, incluso las más peregrinas. Y, si cedes a todas esas demandas, acabas construyendo un producto genérico, sin carácter.

Por eso, veo muy relevante vincular cada decisión de producto con métricas que impacten el negocio (retención de clientes, NRR, activación de usuarios...). Esto conecta la visión y ejecución con resultados tangibles en el mercado.

Los clientes de **CARTO** nos pedían funcionalidades que ya existían en otros GIS tradicionales más grandes y establecidos, y la tentación era decir que sí a todo para cerrar esos grandes contratos antes de terminar el *quarter*. Pero nos dimos cuenta de que, cada vez que lo hacíamos, nos alejábamos de nuestro diferencial real: la capacidad de analizar datos geoespaciales de forma ágil y visual en la nube.

Tuvimos que aprender a decir que no, que es algo que no conseguimos siempre porque la presión de cumplir los objetivos de crecimiento era altísima, a explicar que nuestro camino era otro y a apostar por lo que nos hacía distintos.

El *roadmap*, por tanto, no debe ser un Excel o un Kanban lleno de *deadlines*. Es un arma competitiva. Cada funcionalidad nueva debería poder trazarse de vuelta a uno de los pilares estratégicos. Y, si no está alineado con esos pilares, por mucho que lo pida un potencial cliente, no debería entrar. Esa disciplina es dolorosa a corto plazo, pero salvadora a largo plazo; nos llevó a trabajar en el mensaje de "escape de GIS *handcuffs*" para ayudar a los usuarios a entender lo que hacíamos distinto de nuestro incumbente, ARCGIS, y no saturarnos intentando replicar todas las funcionalidades e integraciones de ese software amplísimo, profundo y anticuado.

Por eso me gusta pensar en el *roadmap* como un proceso vivo de afilar el cuchillo: cada ciclo trimestral lo revisas, lo alineas con los pilares, descartas lo que no funciona y priorizas lo que te hace más punzante. Es un proceso continuo de diferenciación.

Typeform es un buen ejemplo local, que resistió la presión de ser un *surveymonkey plus* y mantuvo su enfoque en formularios conversacionales y diseño simple a pesar de presiones de clientes, socios e inversores. Porque el mayor enemigo del *roadmap* no son los *bugs* ni los retrasos, sino la complacencia, creerte que ya lo tienes todo claro y que basta con seguir la inercia. Una startup que no revisa y ajusta su *roadmap* con disciplina está condenada a perder relevancia.

Para organizar el proceso de revisiones, recomiendo tener una gobernanza que marque quién decide qué entra y qué no. Creo que el Excom de la compañía en una revisión mensual de las grandes líneas, liderado por el CPO, sería el lugar adecuado para esa discusión. Para después de cada reunión de seguimiento, mandar un mensaje que explique al resto de áreas cuáles son las modificaciones y su justificación, para evitar frustración en Ventas, Desarrollo o Marketing.

Y tienes que decidir si harás el *roadmap* público o no. Siempre tendrás que vencer la paranoia de los posibles riesgos de descubrir a tus rivales por dónde irán tus tiros del futuro, pero creo que tiene bastantes ventajas en la relación con usuarios y clientes. Al enseñar hacia dónde vas, transmites que no improvisas, que hay una visión clara y un plan. Eso genera confianza en clientes *enterprise* y en *partners* estratégicos, que muchas veces temen invertir en una solución "inmadura". Un *roadmap* público o semiprivado permite a aquellos que apuestan por ti planificar mejor su propio futuro. Si saben que en seis meses tendrás una integración o una funcionalidad crítica, pueden ajustar sus propios planes internos y justificar internamente la apuesta por tu producto.

Además, compartir un *roadmap* abierto permite recoger *feedback* anticipado: qué funcionalidades les parecen críticas, qué orden de prioridades ven más lógico, etc. Te da una señal de mercado antes de invertir meses de desarrollo. **Factorial** comparte parte de su *roadmap* con clientes a través de vídeos de su CEO en portales de *feedback* (con *upvotes*), lo que les ayuda a priorizar y a crear comunidad en torno al producto.

Uno de los mejores ejemplos de *roadmap* público, aunque no siempre presentado como un Trello abierto, es **Nubank**, la *fintech* brasileña que redefinió la banca digital en Latinoamérica. Desde sus inicios, Nubank entendió que su ventaja competitiva no era construir "todas" las funcionalidades de la banca tradicional, sino ser radicalmente buena en pocas cosas que movieran la aguja, entre ellas, simplicidad, UX impecable y expansión disciplinada por verticales.

Lo comunicó parcialmente de forma pública a través de la NuCommunity, donde compartían *features* en desarrollo e hipótesis de producto de su blog técnico, donde explicaban prioridades de arquitectura y con sus cartas a inversores, que actuaban casi como un *roadmap* estratégico abierto.

De hecho, respondieron públicamente cientos de veces por qué **no** lanzarían un programa de fidelización de puntos tradicional, a pesar del bombardeo de peticiones. Dijeron: "Queremos ser simples, transparentes y sin fricciones. Un sistema de puntos complejo no encaja en lo que nos hace diferentes".

Desde que soy inversor descubrí algo que ignoraba cuando estaba emprendiendo: los inversores miran el *roadmap* con detalle para entender las tripas de cómo avanza la concreción de la visión estratégica y cómo de factible será ejecutarla.

Porque me temo que la realidad, el mercado, los clientes, la competencia o los cambios de las placas tectónicas de la tecnología, siempre se mueven más rápido que tus planes.

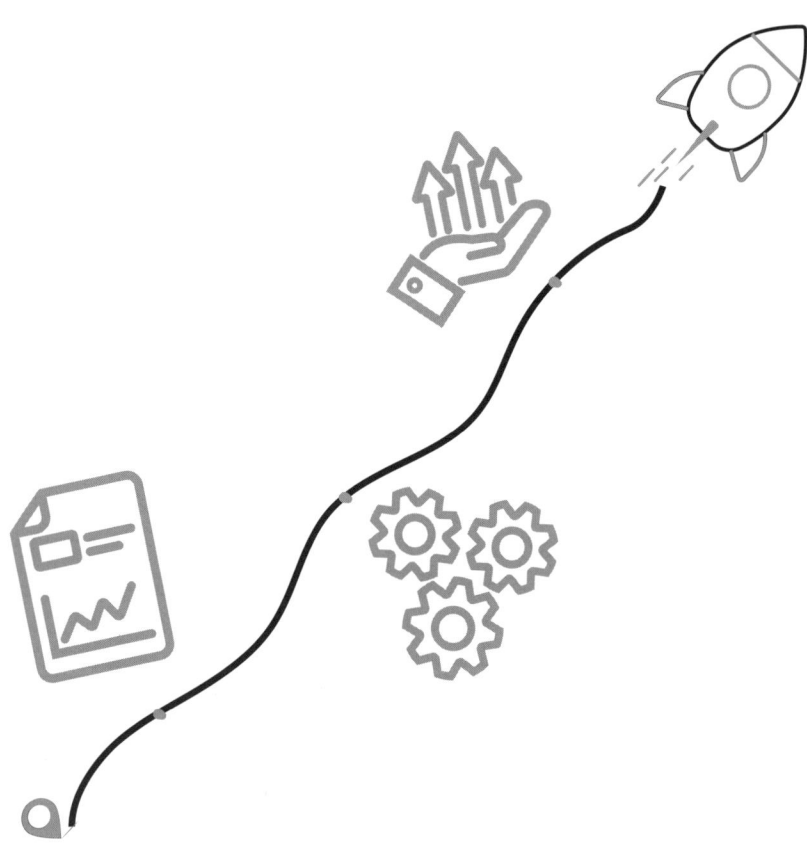

MITOS Y VERDADES

- El *roadmap* es un arma competitiva, debe ser la traducción viva de la visión y los pilares, no una lista interminable de tareas técnicas.

- Cada funcionalidad debe reforzar lo que te hace único, no diluirte.

- La disciplina de gobernanza evita la complacencia. Revisar el *roadmap* con regularidad, con un proceso claro de decisión y comunicación, sostiene el foco en el largo plazo.

HITOS Y RITOS

- ☐ Establece *release notes* trimestrales orientadas a valor, no *features*, cuantifica el valor tangible para los clientes de esas nuevas funcionalidades.

- ☐ Aprende a decir que no con criterio. Establece un marco claro para evaluar peticiones de clientes: ¿aportan a la visión o solo son un *nice to have*? Entrena al equipo de ventas y al CSM para explicar con claridad por qué se rechazan ciertas funcionalidades.

- ☐ Asegúrate de que cada funcionalidad nueva se pueda trazar a uno de tus pilares estratégicos. Pregunta siempre: "¿Esto nos hace más afilados o más genéricos?".

¿Cuáles son los hitos y ritos que mejor te funcionan a ti que encajan con este capítulo? Entra en la comunidad y comparte con otros tu experiencia, al tiempo que encuentras más documentos que funcionan para otros.

https://latido.emprenderagolpes.com/.

CAPÍTULO 9

LOS *STAGE GATES*, UNA CONVERSACIÓN SOBRE "LO BUENO, LO FEO Y LO MALO"

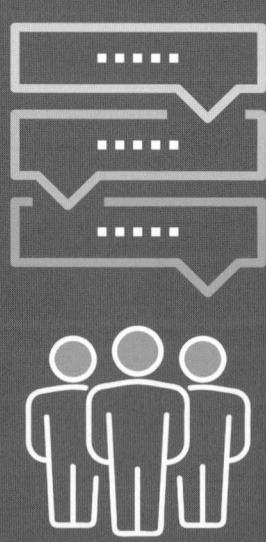

> La velocidad es el único superpoder decisivo que las startups tienen frente a las empresas consolidadas.
>
> **—Sam Altman,**
> **CEO de OpenAI (*Startup Playbook*, 2014)**

Si el *roadmap* marca el qué y el cuándo, los *stage gates*, QBR o cómo los prefieras llamar, son la forma de organizar el viaje en fases comprensibles por todo el equipo. Es imposible escalar la compañía pensando solo en el destino final, porque se hace mucha bola. Necesitas hitos intermedios que marquen avances tangibles y que te permitan decidir si pivotas, perseveras o cambias de rumbo.

Me gusta definir los *stage gates* como puertas trimestrales con metas alcanzables en producto, ventas, organización startupil o marketing, que se convierten en catalizadores de decisiones. En el mundo del capital riesgo, muchas veces son incluso condición necesaria para liberar nuevas rondas de financiación: "Si llegas hasta aquí, desembolsamos el siguiente tramo".

La magia de estas revisiones es que crean un ritmo y un sentido de urgencia. Cada trimestre el equipo sabe hacia dónde corre, qué se espera y cómo se mide el éxito. Y esa cadencia permite dar *feedback* rápido, ajustar prioridades y evitar la parálisis. Creo que la prisa es el principal activo que tiene una startup, porque es algo que tu gran competidor, el incumbente, más grande y con muchos procesos y burocracia, no puede replicar igual.

Para que los *stage gates* no degeneren en un mero trámite, debes practicar una transparencia radical. No basta con que el comité ejecutivo revise lo que sucede a puerta cerrada, es mucho más poderoso compartirlos con todo el equipo. Cuando haces públicos los conflictos, las dudas estratégicas o las tensiones que atraviesa la empresa, no solo refuerzas la confianza interna, sino que también conviertes a cada persona en parte activa de la solución.

Esa apertura genera una responsabilidad compartida y evita la rumorología, porque todo el mundo sabe en qué punto está la compañía y qué batallas reales tiene por delante.

La transparencia, con cabeza, es por tanto uno de los pilares fundamentales de cualquier organización sana y eficaz. Cuando los equipos comparten públicamente sus plazos y entregables, ya sea anotando un *deadline* en la wiki o repasando avances en una breve reunión semanal de coordinación (en Kfund las reducimos a 15 minutos de duración), estás generando un entorno donde la responsabilidad se asume de manera natural y colectiva. La visibilidad elimina la ambigüedad, refuerza el compromiso y convierte la rendición de cuentas en una práctica natural, no en una obligación impuesta. Como escribió el juez Louis Brandeis en su célebre artículo *"What Publicity Can Do"*, "se dice que la luz del sol es el mejor de los desinfectantes". La luz, en forma de información abierta y accesible, limpia las zonas grises de la gestión y fomenta un liderazgo más honesto, colaborativo y orientado a resultados.

Ya comenté la importancia de revisar las rocas u objetivos del trimestre y valorar con los colores de un semáforo si hay problemas o incidencias que deban ser discutidas. Es un buen momento para celebrar lo bueno, los *highlights* que han ocurrido en el periodo anterior y que muestran la tracción positiva. También para entender lo malo, los *lowlights*, en los que las cosas no fueron como esperábamos, pero tenemos un plan claro sobre qué tenemos que hacer para resolverlo.

Pero no todo es bonito o accionable. Porque junto a los *highlights* y *lowlights*, escondido tras las métricas, aparece **"lo feo"**.

Lo feo no son los *bugs* ni los *deals* perdidos ni los problemas de liquidez. Lo feo es aquello que, además de ser malo, tiene difícil arreglo. Y, en mi experiencia, casi siempre son los conflictos humanos: choques entre equipos, egos que bloquean decisiones, tensiones que se enquistan.

También hay situaciones sistémicas, que se convierten en algo feo con el tiempo, esa deuda técnica que nadie quiere abordar y que no hace más que crecer con cada salida a producción, procesos improvisados que luego son imposibles de escalar y que crean cuellos de botella inabordables.

Uno de los momentos más complejos en **CARTO** fue gestionar la tensión entre el equipo comercial de Estados Unidos, que, empujado por la demanda del mercado a corto plazo, nos pedía integraciones con las plataformas de los *hyper-scalers* y mayor flexibilidad de nuestra oferta, y el equipo de producto en España, que tenía un gran foco en la usabilidad y control de todos los módulos del software para que fueran muy coherentes entre sí. Eran dos visiones legítimas, pero con objetivos en conflicto teniendo en cuenta que el tiempo y los recursos son siempre limitados. Resolverlo implicaba mucho más que números, era necesario entrar en lo emocional, en la confianza y en la comunicación entre equipos y socios.

Aprendí que lo feo nunca se arregla solo. Se pudre si no lo atacas. Requiere conversaciones incómodas, decisiones difíciles e incluso, a veces, separarte de personas muy válidas pero que no encajan en la cultura o en la etapa de la empresa.

Los mejores *stage gates* que he vivido, esas reuniones de las que sales con un subidón, energizado y orgulloso, donde se ha revisado el avance real de un proyecto antes de pasar de fase, tienen algunos elementos en común.

Primero, el enfoque en los resultados, donde ya hay un plan previo, se han tomado acciones concretas y se presentan métricas que muestran cómo avanza la ejecución. Así evitas debates eternos sobre posibles caminos alternativos. Se trata de ver qué ha pasado, qué hemos aprendido y qué toca hacer ahora.

Segundo, la ya mencionada honestidad radical, en la que el equipo directivo no busca una presentación brillante, sino una evaluación sincera de lo conseguido, lo que no ha funcionado y lo que se va a corregir.

Tercero, claridad y síntesis. Un buen *stage gate* no necesita más de un documento narrativo de seis páginas y, si hace falta, un anexo con tablas o gráficos.

Cuarto, la preparación previa por parte de todos, porque el informe se comparte con al menos 24 horas de antelación y la reunión se dedica a discutir lo importante, no a leer las cosas por primera vez.

Y, por último, presencia real, los que están están. Sin Slack, sin correos, sin distracciones. Aunque todo se trabaje en formato digital, lo ideal es centrarse en la conversación y no dispersarse con enlaces o materiales adicionales.

Pero lo que realmente marca la diferencia es lo que ocurre después. Un buen *stage gate* no termina con la reunión; para que sea accionable, se documentan las conclusiones, se comparten con todos los participantes y se registran las decisiones en un sistema de seguimiento. Además, el propio proceso se evalúa: ¿fueron útiles las métricas?, ¿sirvió la discusión para tomar decisiones?, ¿qué se puede mejorar para la próxima? Sin este seguimiento posterior, incluso la mejor reunión se queda en teoría. El progreso real ocurre cuando se cierran los bucles: se hace, se mide, se aprende y se ajusta.

Uno de los casos más emblemáticos de ejecución disciplinada en LATAM es **Nubank**. Desde muy pronto, David Vélez instauró una cultura quirúrgica de *decision-making* basada en rituales trimestrales de revisión, donde cada equipo presentaba avances, bloqueos y decisiones críticas de forma totalmente abierta. Para mantener la velocidad mientras crecían de 50 a 500 y luego a miles de personas, implementaron un sistema interno donde cada *squad* tenía OKR públicos, revisiones trimestrales obligatorias y una regla no escrita que resume su cultura: "Sin tonterías, solo progreso".

Ese enfoque de cadencia permitió a Nubank evitar la parálisis típica de los bancos tradicionales, justo el incumbente lento contra el que querían competir. Además, practicaban una transparencia interna casi incómoda con todas las métricas accesibles para todo el mundo, desde la morosidad, el *churn*, el CAC. Ellos mismos cuentan que los mayores cuellos de botella no eran técnicos, sino humanos, "lo feo". Por ejemplo, cuando el equipo de riesgo chocaba con el de *growth* sobre cuánto apretar el *scoring* para crecer sin poner en peligro la cartera. Su magia fue afrontarlo con conversaciones directas, rituales claros y documentación obsesiva.

He visto compañías de mi portafolio que hacen un *mid-quarter review* o *stage gate* más ligero a mitad de trimestre para ver cómo van los objetivos, recalibrar y ver si alguna cosa requiere atención especial del comité ejecutivo antes de que sea demasiado tarde.

Por cierto, que como dice Anna Lundström, CHRO de Spotify, en vez de llamar al comité ejecutivo así, deberíamos llamarlo comité ejecutor y las reuniones, *execution meetings*, con la idea de mover todo el foco de la empresa hacia la ejecución inmediata, porque los ejecutivos no deben tener reuniones de revisión o discusión de la ejecución, sino ejecutar trabajo ellos mismos. Como escribe Anna: "'Make -It Happen' no es un valor ejecutivo. Es un valor de ejecución".

Estas reuniones de seguimiento funcionan de verdad cuando se convierten en un ritual claro y repetible, parte de la cadencia natural de la empresa. Igual que los inversores esperan un reporte mensual, el equipo debe esperar que cada trimestre haya una revisión estructurada, casi litúrgica, donde se celebra un *quarterly business review*. En esa reunión no se improvisa, sino que se revisan las métricas clave, se presentan los *highlights* y *lowlights*, se ponen encima de la mesa "los feos" y, sobre todo, se toman decisiones. La fuerza del ritual está en que ocurre siempre, con la misma agenda, independientemente de si ha sido un trimestre brillante o desastroso. Esa repetición da al equipo un marco de seguridad, saben que cada tres meses habrá un espacio para hacer balance, aprender y corregir rumbo.

Con el tiempo he aprendido que, si algo diferencia a un buen líder de un gestor mediocre, es su capacidad de lidiar con lo feo. Porque cualquiera puede celebrar los éxitos y gestionar los KPIs, pero enfrentarse a lo humano, a los silencios tensos y a los conflictos soterrados, eso exige valentía y mano izquierda.

Y sin eso, ningún *stage gate* sirve de nada.

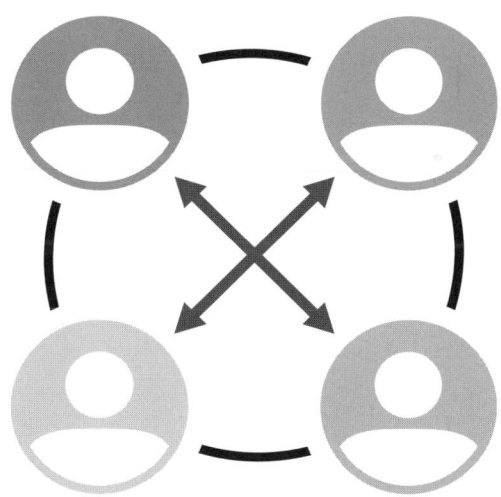

MITOS Y VERDADES

- Los *stage gates* no son un trámite burocrático para contentar a los inversores. Crean urgencia y permiten decidir rápido si perseverar, pivotar o parar.

- "Lo feo", por desgracia, no desaparecerá si seguimos creciendo. Lo feo, conflictos humanos, deuda técnica, fricciones entre equipos, se pudre si no se aborda. El crecimiento lo amplifica, no lo esconde.

- Ritual y cadencia, institucionalizar un *quarterly business review* con agenda clara y repetida cada trimestre da seguridad al equipo y crea una cultura de *accountability*.

- La transparencia no genera caos. Por el contrario, la falta de transparencia genera rumorología. La luz, bien gestionada, une, aclara y previene política interna.

HITOS Y RITOS

- ☐ Escribe qué te tiene sin dormir este trimestre y clasifícalo como: lo bueno, lo malo y lo feo.

- ☐ Establece *quarterly stage gates* con la misma agenda cada trimestre: métricas, *highlights*, *lowlights* y "lo feo". La constancia es el truco.

- ☐ Cierra cada revisión con tres conclusiones claras y un responsable por cada una. Sin dueños, no hay decisiones.

- ☐ Publica el memo del *stage gate* para toda la compañía en 24 horas. La transparencia no es opcional, es parte del proceso.

- ☐ Incluye siempre un bloque final de metaevaluación: ¿qué funcionó en el *stage gate* anterior?, ¿qué no?, ¿qué mejoramos? Convertir el ritual en aprendizaje crea cultura.

¿Cuáles son los hitos y ritos que mejor te funcionan a ti que encajan con este capítulo? Entra en la comunidad y comparte con otros tu experiencia, al tiempo que encuentras más documentos que funcionan para otros.

https://latido.emprenderagolpes.com/.

CAPÍTULO 10

ACCOUNTABILITY Y COMUNICACIÓN

La estructura de dos pizzas también fomenta
la responsabilidad del equipo. Los equipos
de dos pizzas no entregan a otro equipo algo
que han lanzado para que lo gestione.

—Jeff Bezos, fundador de Amazon

Una de las palabras con más *hype* en el ecosistema emprendedor es la *accountability*, que en castellano viene a ser algo así como "la rendición de cuentas". Todos la mencionan, pero pocos la practican. Para mí, el compromiso real con los resultados no es un sistema de control ni un castigo, es una creencia en la responsabilidad compartida, como vimos mencionar al bueno de Lencioni con su salud organizacional. Significa que cada persona se siente dueña de sus resultados y de su impacto en el equipo.

Hay varios momentos en la vida de una startup en el que las excusas ya no valen. Los inversores no quieren promesas, el equipo no quiere discursos grandilocuentes y los clientes no esperan antes de cambiarse a un competidor. Para evitar quedarse atascados, es necesario que la asunción de responsabilidades y rendición de cuentas forme parte del *ethos* de la organización.

Para mí, la *accountability* se construye con dos ingredientes básicos: claridad de expectativas y rituales de seguimiento sencillos. Nada de consultoría infinita con flujos de decisión y definiciones detalladas de roles y responsabilidades ni de softwares de gestión complicadísimos y muy caros. La responsabilidad sin confianza se convierte en castigo, pero con confianza es motor de aprendizaje y de avance sistemático.

Y aquí entra en juego la otra cara de la moneda: la comunicación. Una startup no se asfixia por exceso de trabajo, sino por falta de alineamiento. La experiencia me dice que muchas de las startups en fase semilla que mueren lo hacen por suicidio corporativo, porque se autoinfligen daños innecesarios por falta de comunicación o problemas personales entre sus miembros. El mayor riesgo no es equivocarte en una funcionalidad, sino que el equipo vaya en direcciones opuestas. Por eso, me obsesiono con la sobrecomunicación.

El COO debe convertirse en una suerte de *chief psychologist*, ayudando a que todos los fundadores y miembros del equipo tengan roles coherentes, con incentivos alineados y esfuerzos equilibrados, apoyándoles en la gestión de sus emociones y egos para mantener buena química entre ellos.

La *accountability*, combinada con la comunicación, es lo que convierte promesas en resultados y, sobre todo, es lo que crea confianza. Porque, al final, un equipo confía en su líder no porque acierte siempre, sino porque habla claro, comparte información y no esconde los problemas. La confianza es una moneda muy valiosa y la *accountability* y la comunicación son sus dos caras.

Holded, el ERP nacido en Barcelona que revolucionó la gestión contable para pymes, tenía una máxima tatuada en sus rituales: "Habla pronto, habla claro, habla con datos".

Su equipo creció bajo un modelo completamente distribuido, con células autónomas y sin managers intermedios durante sus primeros años. Cada viernes hacían un "Friday Demo" donde todos los equipos mostraban lo que habían lanzado esa semana, sin *slides*, sin maquillajes. Los fundadores asistían religiosamente y lo usaban tanto para celebrar como para detectar silencios incómodos: si un equipo no tenía nada que enseñar dos semanas seguidas, era una *red flag* a investigar en detalle.

Ese hábito de exposición pública generaba *accountability* sin castigo. Como decía uno de sus fundadores, Bernat Ripoll: "No había reportes, había demos. Si no enseñabas nada, te quedabas fuera de la conversación".

En mis equipos, instauramos rituales claros enfocados en comunicar, comunicar y comunicar, por ejemplo:

TOWNHALLS MENSUALES

Donde compartimos avances, métricas, demos de producto y, ¡muy importante!, dedicamos tiempo suficiente a celebrar los logros, dejando siempre un tiempo abierto para preguntas y discusión entre todos. Nunca los canceles, pase lo que pase, porque son un reflejo vital para toda la compañía del pulso que buscas mantener. Intenta que sean divertidos, tanto en su forma y contenido. Y después puedes conectarlo con un *Friday Social* en el que el equipo pueda charlar de manera distendida.

REUNIONES SEMANALES DE *DIRECT REPORTS*

Rápidas, como *stand-ups*, para alinear prioridades.

Me gusta cómo de estrictos son con las reuniones semanales dentro del sistema EOS,[1] con sus *Level 10 meetings*. marcando una duración fija de 90 minutos, con una agenda fija diseñada para maximizar el foco, la rendición de cuentas y la resolución de problemas. Este es un esqueleto de agenda que proponen:

- *Check-in* **personal (5 min.):** Cada participante comparte algo positivo de la semana (personal y profesional).

- **Revisión rápida de métricas clave del negocio, solo las desviaciones (5 min.).**

- **Revisión de *rocks* trimestrales (5 min.):** Se revisa el avance de cada *rock*: *on track* (en curso) u *off track* (en riesgo). Si está en riesgo, pasa a la lista de IDS (*Issues*).

- **Noticias de clientes/empleados (*highlights y lowlights*) (5 min.):** Se registran temas críticos para tratarlos en IDS si corresponde.

---

1. Entrepreneurial Operating System, https://eosone.com/what-is-eos/.

- **To-Do List/Acciones pendientes (5 min.):** Revisión de las tareas comprometidas la semana pasada. Esperado: al menos un **90 % completado**.

- **Issues Solving Track (60 min.):** La parte central de la reunión, para resolver los problemas más importantes de la semana. Se prioriza la lista y se atacan de uno en uno hasta que se acabe el tiempo. Cada solución se traduce en una acción clara para la lista de *To-Do*.

- **Cierre (5 min.):** *Recap* de acuerdos y tareas asignadas. Mensaje final de cada uno: "¿La reunión fue un 10?" (se puntúa de 1 a 10), con *feedback* para mejorar la efectividad del *meeting*.

MONDAY MORNING UPDATES

Durante los primeros meses, usa esta comunicación los lunes con todo el equipo para hablar de los hitos conseguidos la semana anterior y cuáles serán los retos de la semana en curso. Cuando la empresa crece, enfócate más en el contexto y en los grandes *highlights* y *updates* funcionales; incluso he visto a compañías en las que el CEO comparte este *update* en un vídeo corto de 5 minutos con Loom. Si no, puede ser un email corto y conciso.

1:1 *AD-HOC* CUANDO ALGO SE ATASCA

No soy especialmente fan de llenar los calendarios con 1:1 obligados, sino solo cuando no puedan sustituirse por un correo. Las reuniones individuales semanales de 1 hora en una empresa de 100 personas representan unas 10.000 horas, es decir, aproximadamente el 4 % del tiempo/coste de la compañía, así que más vale que sean deliberadas y productivas. El CEO de Nvidia Jensen Huang nunca hace 1:1 por ese motivo.

REVISIÓN FINANCIERA MENSUAL

Previa al informe a inversores. Empieza lo antes posible, incluso si de momento solo son costes y caja lo que revisas. Proyecta el *runway* (duración de caja disponible) y analiza a fondo las desviaciones inesperadas de caja. Haz revisiones de costes por área y comparadas con el presupuesto anual. Haz que lo prepare el CFO y lo revisas con todos los fundadores/ejecutivos.

INFORME MENSUAL A INVERSORES

Siempre al inicio de mes, con *highlights*, *lowlights*, métricas y *asks*. No es solo para los inversores, también lo usábamos internamente con una idea de transparencia radical hacia fuera y hacia dentro.

CHECK-INS TRIMESTRALES

Con managers, para profundizar en objetivos y bloqueos.

RETREATS SEMESTRALES DEL EQUIPO DIRECTIVO

Idealmente fuera de la oficina, para profundizar en estrategia y planes a medio y largo plazo.

RETREAT ANUAL DE TODO EL EQUIPO (*OFFSITE*)

El gran retiro anual de todo el equipo. Con pocas reuniones de trabajo, pero intensas, pensadas para alinear visión y objetivos. El foco real está en transmitir cultura a los nuevos, en celebrar lo conseguido y en dibujar juntos las metas del año que empieza. Sacar a tus colegas de la rutina diaria tiene un efecto muy potente para crear vínculos y para permitir a todos pensar de manera diferente. Los mejores *offsites* en los que he participado combinan una mezcla de trabajo profundo y convivencia que deja huella duradera y en la que te puedes saltar por una vez el concepto de *smart frugality*. No escatimes, hazlo memorable. Y creo que la preparación previa ayuda muchísimo a que todos vengan con la mentalidad adecuada y con una digestión compartida de sus opiniones e ideas, que permiten avanzar mucho más rápido en el evento.

El mayor riesgo es que se abran un montón de frentes con grandes ideas, pero que después no se ejecuten los planes propuestos y todo quede en un cajón hasta el próximo *offsite*. Ayuda, en ese caso, salir de las reuniones con un claro documento con los aprendizajes y compromisos personales de cada individuo tras el evento.

Además, he visto funcionar algunos otros rituales que pueden ser interesantes:

FRIDAY SOCIALS

Un espacio semanal para bajar revoluciones, compartir ideas y chascarrillos, idealmente evitando el alcohol en el proceso. Refuerza la cohesión del equipo, rompe silos y recuerda que también trabajamos con personas, no solo con métricas.

FRIDAY LEAPFROGS

Dedicar las tardes de los viernes a juntar equipos que no suelen trabajar juntos para intentar crear nuevas aplicaciones internas con IA, resolver algún problema que lleva tiempo resistiéndose o hacer una campaña de marketing más atrevida y probarla, consiguiendo avanzar de pronto más que varias semanas (*leapfrog*).

No puedo dejar de dedicar unas líneas a la importancia del *feedback*, para que los rituales de comunicación sean más potentes.

La *accountability* sin *feedback* constructivo tiende a convertirse en señalamiento o en silencio. Creo que institucionalizar el *feedback* a través de herramientas que permitan una retroalimentación 360 o un comentario inmediato tras un error facilita mecanismos de mejora continua que son muy sanos. Permiten conectar la responsabilidad con las consecuencias de incumplir sistemáticamente en los objetivos y tareas. Es importante que los líderes puedan actuar en ese caso y tener una primera reacción de acompañamiento. ¿Qué ha pasado?, ¿tiene esa persona las herramientas necesarias para tener éxito y qué medidas se pueden tomar para reconducir la situación?

Pero, si la falta de cumplimiento se repite, el líder debe pasar del *coaching* a la acción. Esto puede significar redefinir el rol de esa persona, cambiar su ámbito de responsabilidad o incluso proponerle salir de la compañía. Lo que no se puede permitir es la impunidad, porque la cultura se degrada rápido: si el resto del equipo ve que alguien no cumple y no pasa nada, el compromiso colectivo se rompe. Dice Claire Hughes Johnson: "La cultura es lo que el equipo hace cuando tú no estás en la habitación". Y no podemos olvidar su icónica sugerencia para los managers en las sesiones de *feedback*: haz que tus equipos se sientan libres de "decir aquello que crees que no puedes decir".

Hoy, con la irrupción de herramientas de IA para gestionar repositorios de conocimiento, este ecosistema de comunicación es aún más potente. Pero la esencia sigue siendo la misma: decir la verdad, repetirla hasta que cale y reforzarla con datos y rituales.

MITOS Y VERDADES

- La *accountability* real es cultura de responsabilidad compartida, no castigo. No se consigue con procesos y software de seguimiento, sino con claridad, comunicación y repetición. Las herramientas ayudan, pero la cultura es lo que sostiene la responsabilidad.

- La sobrecomunicación es clave: muchas startups mueren por suicidio interno, no por el mercado.

- Cuantas más buenas reuniones, más foco. La clave no es reunirse mucho, es hacerlo con propósito, agenda y seguimiento.

- La *accountability* sin consecuencias se convierte en teatro. *Coaching*, redefinición de rol o salida deben aplicarse con transparencia y respeto.

HITOS Y RITOS

- ☐ Implanta una cadencia fija de "rituales de comunicación", desde lo semanal a lo mensual y lo anual. Descríbelo para toda la organización: *all-hands, weekly, 1:1 ad-hoc*.

- ☐ Escribe expectativas claras por rol (3-5 *outcomes*, no tareas).

- ☐ Lanza el *update* mensual a inversores (plantilla y fecha fija).

- ☐ Cierra los *townhalls* con un espacio abierto para preguntas anónimas o incómodas. Si no puedes escuchar la verdad, no podrás liderar.

¿Cuáles son los hitos y ritos que mejor te funcionan a ti que encajan con este capítulo? Entra en la comunidad y comparte con otros tu experiencia, al tiempo que encuentras más documentos que funcionan para otros.

https://latido.emprenderagolpes.com/.

CAPÍTULO 11

EL SENTIDO DE
URGENCIA

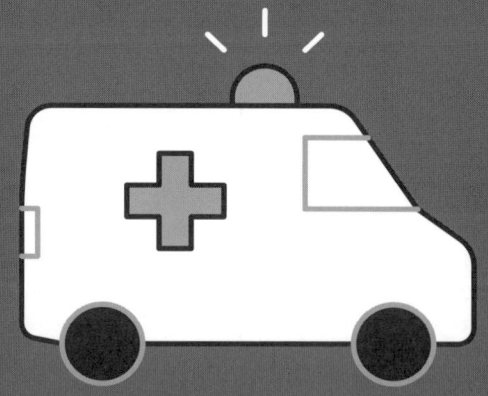

En una startup, equivocarte puede hacerte daño, pero ser lento te matará.

—Jeff Bezos,
fundador de Amazon (carta a accionistas, 1997)

S i hay algo que distingue a las startups de las grandes corporaciones, es la urgencia, esa sensación constante de que el tiempo se acaba, de que cada día cuenta, de que el mercado no espera.

La escasez de recursos, con el abismo siempre acechando, tiene, aunque resulte doloroso, un efecto casi mágico: obliga a enfocar las ideas y empuja a todo el equipo a correr como un solo cuerpo en la misma dirección.

Las grandes compañías también viven en un frenesí constante, incluso en mi experiencia, mayor que en las startups, pero disperso en mil iniciativas paralelas. Todo parece moverse a velocidad supersónica, aunque no siempre hacia el mismo lado; a veces, incluso en direcciones opuestas. Y, por fortuna para las compañías pequeñas, remar juntos importa más que remar rápido. No es cuestión de velocidad, sino de eficiencia colectiva.

Para lograrlo, cada miembro del equipo debe tener muy clara la visión a largo plazo, la misión y los principios de la compañía. Ese marco se convierte en brújula cuando, inevitablemente, las cosas se salen del guion. Porque no se trata de evitar el desvío, sino de detectar rápido la deriva, aprender de la situación y corregir el rumbo con la misma agilidad.

He visto muchos inversores hablar de ROI (*Return on Investment*), pero creo que lo que realmente mueve la aguja de las decisiones rápidas es el COI (*Cost of Inaction*), es decir, definir cuál es el coste de no hacer nada. El ROI apela a la lógica: "Si haces esto, ganarás tanto". El COI apela al miedo: "Si no haces esto, perderás tanto cada día". Y eso, en mi experiencia, genera un sentido de urgencia muy poderoso tanto en los líderes de la *scaleup* como en los decisores corporativos que tienen que aceptar o no una propuesta comercial.

El ROI es sexy para el Excel y los financieros, pero el COI es lo que mueve las tripas y el corazón. "Si no lanzamos esta funcionalidad este trimestre, perderemos a tres clientes clave". "Si no fichamos ahora a un VP de Ventas, nos costará seis meses recuperar la tracción comercial". "Si no pivotamos, dentro de un año estaremos muertos". El COI pone el foco no en lo que puedes ganar en un futuro improbable, sino en lo que estás perdiendo cada día.

Cómo generar más sentido de urgencia en una organización es uno de esos temas que siempre me persiguen, porque lo veo desaparecer cuando las *scaleups* empiezan a crecer. Y, cuando se pierde, recuperar la chispa es dificilísimo. Dice mi socio Sergio Álvarez: "La velocidad siempre gana", y más aún en estos momentos de avances en la inteligencia artificial en el que el *time to copy* se ha hecho tan corto que, en pocas horas y con un poco de *vibe coding* y corrección de *bugs a posteriori*, se pueden conseguir resultados decentes y testear ideas en el mercado, ganando tracción en semanas en vez de meses.

Uno de los objetivos de muchos fundadores es entrar a formar parte de una cohorte de Y Combinator (YC), una de las aceleradoras de startups más influyentes y exitosas del mundo, fundada en 2005 en Silicon Valley por Paul Graham, Jessica Livingston, Trevor Blackwell y Robert Morris. Por allí han pasado empresas como Airbnb, Dropbox, Stripe, Reddit, Coinbase o Rappi, y su propuesta de valor se basa en aportar una combinación única de conocimiento, red, credibilidad y velocidad de ejecución. Yo creo que la ventaja fundamental de entrar en YC es esta última. No se centra en el aprendizaje concreto o en el *signaling* de haber sido escogido (que se diluye cada vez más con el volumen), sino en cómo institucionalizan el sentido de urgencia a través de rituales simples, ritmo y presión social positiva. No usan castigos ni jerarquías, sino ritmo, foco y comunidad como mecanismo de responsabilidad colectiva.

En YC, cada startup tiene una revisión semanal obligatoria con su *group partner* (Michael Seibel, Dalton Caldwell o alguno del equipo) y estas sesiones no son presentaciones de PowerPoint, sino una conversación directa de 15-20 minutos con tres preguntas básicas:

1. ¿Qué has hecho esta semana?

2. ¿Qué vas a hacer la próxima?

3. ¿Qué métricas han cambiado (crecimiento, usuarios, ingresos, retención)?

Las respuestas se comparten en un formato ultrabreve y visible para el resto del *batch*, lo que genera una presión de pares brutal. Michael Seibel lo define así:

> "El objetivo no es revisar tu tarea, es asegurarnos de que tengas tareas que valga la pena hacer".

Desde el día uno, los *partners* de YC repiten un mantra: "¿Estás vivo por defecto o muerto por defecto?". Es decir, si dejas de conseguir inversión mañana, ¿sobrevives con tus ingresos o mueres por falta de caja? Cada fundador conoce su *runway* y su *burn rate* y lo actualiza cada semana. Esa métrica simple se convierte en una fuente de urgencia constante: cada semana que pasa sin crecer o sin encontrar *product-market fit* acorta tu vida útil, lo cual genera una rendición de cuentas continua y existencial.

Por último, en YC no se premia la actividad, sino el progreso. Por eso insisten en una sola métrica de tracción (*North Star Metric*) y en medirla cada semana. La medición semanal es una cadencia muy dura, pero necesaria. "Si no estás creciendo estás muriendo", dice Paul Graham.

En los *group office hours* (sesiones grupales), 6-8 startups comparten sus avances y bloqueos. Allí nadie quiere ser el que dice que no ha hecho mucho esta semana. Pero, a la vez, los *partners* crean un entorno de seguridad psicológica donde se puede reconocer un error, pero no se puede venir sin foco.

Pude aprender más sobre el principio de la urgencia durante la pandemia, cuando vi a startups y corporaciones enfrentarse al mismo abismo. Algunas paralizadas, esperando certezas imposibles bajo los vaivenes de una realidad inesperada. Otras, actuando con velocidad brutal, probando cosas, fallando, corrigiendo. Una startup de la cartera de Wayra UK, **ChargedUP**, que tenía una red de estaciones de carga con baterías portátiles para bares y comercio, vio cómo su gran expectativa de año récord en 2020 se truncó de golpe. Hugo Tilmouth y Charlie Baron, los fundadores, fueron capaces en menos de una semana de rediseñar sus puntos de carga en estaciones dispensadoras de gel hidroalcohólico. Ese giro exprés les permitió firmar su primer contrato con Transport for London y asegurar la continuidad de la compañía y de los 45 empleados que dependían de ella. Los que actuaron rápido sobrevivieron, mientras que los que esperaron quedaron fuera de juego.

La innovación, al final, tiene más que ver con el sentido de urgencia que con la genialidad. Innovar es decidir rápido, probar en el mercado y aprender antes que los demás. Las corporaciones suelen perder esta carrera no por falta de recursos, sino por falta de cultura, procesos eternos, aversión al riesgo y necesidad de consenso para que tus jefes no puedan apuntar a tu cabeza si algo sale mal. En cambio, el emprendedor, con la caja tiritando y el abismo siempre por delante, no tiene otra: decide o muere. Ese vértigo, esa prisa como mencioné anteriormente, es un gran activo y te lanza a pivotar.

Lo he dicho en charlas y lo repito aquí: las crisis son momentos de refundación. El COI se hace evidente, y la urgencia obliga a enfocar y ejecutar. En ese sentido, cada crisis es también una oportunidad para innovar. La clave es no esperar a la siguiente pandemia para trabajar así.

Cuando vendía soluciones tecnológicas, aprendí que lo más efectivo no era prometer mejoras, sino cuantificar pérdidas por no actuar a tiempo: "Cada día que no adoptas esta herramienta, pierdes 100.000 euros en ineficiencia logística" o "estás desperdiciando 10 horas de trabajo por persona". Ese lenguaje, concreto y doloroso, es lo que empuja a la acción porque hace que tu interlocutor se plantee qué es lo que hace que le asciendan o despidan.

La urgencia no se finge, se vive. La caja se acaba, los competidores avanzan, los clientes se impacientan. Pero no se trata de generar ansiedad artificial ni de quemar al equipo con alarmas constantes que les tengan con el cortisol por las nubes y la productividad en mínimos. La urgencia sana es la que se basa en datos y en una narrativa que empuja a todos en la misma dirección.

He aprendido que el relato importa tanto como el modelo de negocio o los KPIs, sobre todo en la fase más inicial. Matt Blumberg, en su libro *Startup CEO: A field guide to scaling up your business*, pone mucho énfasis en que el primer trabajo del CEO de una startup es contar una historia que pinte un futuro creíble y motivador, por qué existe la empresa, cuál es el problema que resuelve, qué implicación tiene para clientes e inversores y darle un sentido de urgencia a la necesidad de hacerla inevitable. Dice: "Las historias, al igual que las startups, dibujan una imagen de lo que el futuro podría ser. Conectan con nuestros corazones y nuestras mentes. Inspiran a la gente a actuar, a darte dinero, comprar tu producto o unirse a tu equipo".

Correr con foco, sabiendo hacia dónde, es lo que permite a las startups ganar a gigantes. Porque los grandes tienen más recursos, más marca, más personal y clientes, pero rara vez tienen la misma urgencia y propósito.

MITOS Y VERDADES

- La mayor ventaja de una startup es la prisa: el COI *(cost of inaction)* pesa más que el ROI *(return of investment)*.

- La urgencia no es gritar "¡corre!", sino construir una narrativa clara sobre por qué el tiempo importa.

- La velocidad siempre gana: la velocidad en probar, aprender y decidir te da ventaja frente a gigantes.

- Las crisis no destruyen empresas, exponen culturas débiles. Las que tienen reflejos, comunicación y propósito se reinventan más rápido que los demás.

HITOS Y RITOS

- ☐ **Define tu COI:** Antes de cada retraso o posposición, pregunta: "¿Qué perdemos si no lo hacemos ahora? ¿Y qué pierde nuestro cliente si no nos contrata?".

- ☐ **Implanta un ritmo semanal de decisiones (como en Y Combinator):** Tres preguntas: ¿qué has hecho esta semana?, ¿qué vas a hacer la próxima? y ¿qué métricas han cambiado (crecimiento, usuarios, ingresos, retención)?

¿Cuáles son los hitos y ritos que mejor te funcionan a ti que encajan con este capítulo? Entra en la comunidad y comparte con otros tu experiencia, al tiempo que encuentras más documentos que funcionan para otros.

https://latido.emprenderagolpes.com/.

CAPÍTULO 12

PRESENCIALIDAD E INTENSIDAD: LA CULTURA DEL 996

Muchas empresas y muchas personas no tienen la oportunidad de trabajar 996. Si no trabajas 996 cuando eres joven, ¿cuándo podrás hacerlo?

—Jack Ma,
fundador de Alibaba

Ya que hablamos de sentido de urgencia, viene a colación mencionar la cultura de 996, es decir, trabajar de 9 de la mañana a 9 de la noche, seis días a la semana, que estamos importando de Silicon Valley, aunque en realidad este fenómeno viene del ecosistema *tech* de China.

Se trata de un tema controvertido con grandes proponentes y detractores de esta cultura de trabajo hiperintensivo. No creo que deba ser un motivo de farde por parte de los emprendedores, sino una consecuencia de la necesidad de crear un resultado superlativo, que exige, siempre, esfuerzos superlativos, siempre marcando la diferencia entre cultura de esfuerzo elegida y cultura de explotación impuesta.

La cultura del esfuerzo y la tendencia del 996 crea un mercado de talento bifurcado y divergente. Algunos candidatos buscarán activamente esa intensidad y manera de hacer las cosas, especialmente el talento internacional familiarizado con estas expectativas o profesionales ambiciosos que quieran acelerar su carrera. Otros, en cambio, huirán por completo de ella.

Jia y Carla, cofundadores de **Theker Robotics,** lo tuvieron muy claro desde los primeros días, cuando trabajaban sin descanso en un despachito de 5 m². Para crear una nueva categoría y definir un modelo de inteligencia artificial generalista para robots, tenían que dedicar toda su energía, esfuerzo y tiempo. Su 996, que ellos han adaptado a 886, más bien parece un 887 porque también trabajan los domingos. Así consiguieron atraer a su equipo inicial, con un perfil científico y obsesivo similar al suyo. Pero, a medida que van creciendo, tienen que mantener esa intensidad al tiempo que adaptan los modos de trabajo para incluir a perfiles comerciales y de gestión de cuentas que pueden tener experiencias previas que colisionan con el estándar que Jia tiene muy presente que quiere mantener.

Esto significa que tienes que dejar muy clara la posición de tu empresa. Los puntos intermedios no funcionan. O compites en intensidad y velocidad, o compites en sostenibilidad e integración con la vida personal. Intentar abarcar ambas posturas solo generará un mensaje confuso y unas expectativas desalineadas en tu equipo.

En esa línea, me gusta el manifiesto que Iñaki Berenguer acuerda con los cofundadores de sus empresas, donde se ponen las cartas sobre la mesa desde el principio: por qué quieres montar una empresa, qué sacrificios estás dispuesto a asumir y cuáles son las reglas del juego. Se trata de un pacto de cultura, más allá del clásico pacto de socios, que evita agrias discusiones futuras sobre temas tan sensibles como vacaciones, teletrabajo, horarios o salarios. Cuando estas cuestiones se documentan y acuerdan desde el inicio, incluyendo a todas las partes implicadas, se gana en claridad y cohesión, porque siempre puedes volver atrás y recordar lo que decidisteis juntos al arrancar.

En el fondo, este manifiesto es una declaración de que los grandes proyectos y los resultados extraordinarios no se pueden crear sin un esfuerzo superlativo. El CEO y los fundadores deben ser los primeros en dar ejemplo, marcando la intensidad y la entrega que se espera del resto. Se trata de asumir que la vida emprendedora es un maratón sin línea de meta visible, donde cada día se acumulan más problemas de los que resuelves. La diferencia está en tener la motivación irracional, la obsesión y la determinación de seguir avanzando, incluso cuando todo parece en contra.

El éxito de un emprendedor no se explica solo por su visión o por la oportunidad del mercado, sino por esa capacidad de sacrificio constante: perderse cumpleaños, cancelar viajes a última hora, vivir con la presión continua durante años. El manifiesto Berenguer pone este compromiso en blanco y negro, para que nadie se engañe. Emprender significa aceptar de antemano que habrá que remar sin descanso, juntos y con absoluta claridad de propósito. Esa es la cultura del esfuerzo que separa a los grupos que simplemente coexisten de aquellas que logran perdurar ante los retos.

Buscando inspiración con Iñaki y Ana, Stanford, 2025.
Imagen editada con Gemini.

Dice Harry Stebbings, *podcaster* e inversor con 20VC:

"Si quieres ser una empresa de 10.000 millones
de dólares en Europa, compitiendo contra ellos
[Silicon Valley y China], no puedes hacerlo trabajando
de nueve a cinco, de lunes a viernes".

Y me temo que estoy de acuerdo, pero, cuando estuvimos más de 90 días trabajando sin fines de semana en IMASTE allá por 2008 para lanzar la primera plataforma de ferias virtuales pegando las piezas con celo para que no se nos cayera el servidor con cientos de miles de visitas, o cuando encadenamos noches sin dormir para llegar a la fecha de entrega del lanzamiento del Builder de CARTO en verano del 2017, no nos hizo falta hablar de ello públicamente y el equipo estaba totalmente implicado en los resultados.

CARTO *team*, *offsite* en 2016. Imagen editada con Gemini.

Como gestor, si abrazas una estrategia 996, deberás invertir a fondo en prevenir el *burnout*, dotando al equipo de las herramientas adecuadas, fijando prioridades claras y asegurando descansos reales con mucha flexibilidad. La intensidad sin pausas lleva al colapso, y ningún proyecto merece quemar a las personas que lo hacen posible.

Y tiene que merecer la pena a todos los miembros del equipo, así que ofrece oportunidades reales de crecimiento profesional que justifiquen el nivel de exigencia. Si pides un esfuerzo fuera de lo común, debe ir acompañado de un camino de desarrollo que haga sentir al equipo que la recompensa está a la altura del sacrificio.

Al mismo tiempo, debes construir sistemas que permitan sostener el alto rendimiento en el tiempo. No basta con apretar durante unos meses, necesitas procesos, rutinas y una cultura que hagan posible mantener la velocidad sin romper la máquina.

En este contexto de urgencia y ejecución acelerada, emerge también un debate muy actual sobre el valor de la presencialidad. El péndulo que nos llevó al remoto absoluto durante la pandemia está regresando hacia modelos donde volver a la oficina cobra fuerza, especialmente en *scaleups* con equipos multidisciplinares que enfrentan retos distintos cada semana. Cuando el problema cambia constantemente, no hay nada que sustituya la energía y claridad de juntarse delante de una pizarra en blanco para discutir, dibujar y resolver juntos.

El trabajo remoto funciona bien para talento sénior, con planes bien definidos, pero, si lo que se busca es cocrear, iterar y decidir sobre la marcha, nada reemplaza el calor de las conversaciones presenciales. Eso sí, para mí, la presencialidad no significa rigidez. La flexibilidad es imprescindible, pero, cuanto más intensos sean los retos, más importante será compartir espacio físico y avanzar como un equipo.

En **CARTO** vivimos un caso que les sucede a muchas compañías que escalan en varias localizaciones. Nosotros teníamos dos grandes oficinas, en Madrid y en Brooklyn, y después oficinas satélites más pequeñas y un 15-25 % del equipo en remoto.

Conseguir que todos fueran parte de los rituales y mantener informados a los que estaban más alejados de los dos centros neurálgicos, donde la información fluía con rapidez junto a la máquina de café, exigía un esfuerzo adicional.

Le copié una idea a **Inditex**, tras una visita con María Fanjul a su sede de Arteixo, donde me sorprendió ver que tenían unas grandes pantallas alineadas en una sala en las oficinas de Zara.com, donde se conectaba a tiempo real con cámaras y micrófonos con el resto de oficinas de esa división en todo el mundo.

Esta suerte de portales espacio-temporales los instalamos también en las entradas de nuestras oficinas en Madrid y Nueva York, de modo que podíamos saludar (tenían micrófonos y webcam conectadas) a miembros del equipo al entrar en la oficina, generamos serendipia y nos dábamos cuenta de que se hacía de noche al otro lado del mundo o de que era festivo en Madrid y no en otros lugares.

MITOS Y VERDADES

- La cultura 996 no es un eslogan, es una consecuencia. El esfuerzo extremo no debe glorificarse, sino entenderse como una respuesta necesaria a la ambición de construir algo extraordinario.

- El liderazgo se demuestra con el ejemplo. Los fundadores marcan la intensidad y el estándar de entrega. No puedes pedir un esfuerzo superlativo si no lo encarnas tú primero.

- Si pides esfuerzo, ofrece crecimiento. La exigencia debe ir acompañada de desarrollo profesional real. La gente acepta el sacrificio cuando ve una recompensa proporcional y un camino de aprendizaje tangible.

- La presencialidad es una herramienta de velocidad. En entornos de creación e iteración rápida, el contacto físico multiplica la energía y la claridad, pero la presencialidad debe ser flexible, no rígida.

HITOS Y RITOS

- ☐ Formaliza un pacto de cultura, inspirado en el "manifiesto Berenguer": antes de empezar, acordad por qué queréis emprender, qué sacrificios asumís y cuáles son las reglas del juego. Este pacto de cultura previene conflictos futuros y refuerza la cohesión del equipo.

- ☐ Si optas por una cultura de alta intensidad, establece mecanismos explícitos de descanso: semanas sin reuniones, vacaciones obligatorias o viernes de desconexión total.

- ☐ Cuida la conexión entre oficinas y equipos remotos con un contacto continuado.

¿Cuáles son los hitos y ritos que mejor te funcionan a ti que encajan con este capítulo? Entra en la comunidad y comparte con otros tu experiencia, al tiempo que encuentras más documentos que funcionan para otros.

https://latido.emprenderagolpes.com/.

CAPÍTULO 13

LA IMPORTANCIA DEL TALENTO Y EL *TIMING* CORRECTO

Un gran equipo siempre vencerá a una gran idea.

**—Reid Hoffman,
cofundador de LinkedIn (*Masters of Scale*, 2017)**

Como *venture capitalist* y exoperador, no pasa una semana sin que me pregunten fundadores noveles qué miembros del equipo de liderazgo deberían contratar después de los fundadores, en qué orden y para ejecutar qué tareas dentro de la organización.

Lo primero que les digo que tienen que aprender es qué es la excelencia en ese rol, qué rasgos y qué tipo de experiencia tienen las mejores personas del mundo para este puesto en esta etapa de la compañía. Pide a tus inversores que te presenten a ejecutivos de sus participadas que sean referentes absolutos en esta función. Siéntate con ellos, entiende cómo piensan, cómo operan y aprende de primera mano qué significa hacerlo bien.

Incluso, siempre que puedas, haz tú mismo el trabajo antes de contratar. Solo así sabrás de verdad qué estás buscando y qué preguntas distinguirán al que sabe del que solo lo parece. No soy muy fan de los gestores multifunción, que valen para todo, porque saben dirigir en sentido amplio. Un líder debe dominar a fondo el trabajo real de su equipo, no solo la "gestión del mismo". Si el equipo que lideras fabrica tornillos, necesitas saber todo lo que hay que saber sobre fabricar tornillos, porque sin conocimiento profundo del oficio es imposible evaluar con criterio el desempeño, la dificultad de las tareas o las excusas de quienes no cumplen.

Y, sobre todo, contrata para el siguiente hito, no para el final del camino. Ficha operadores que ya hayan vivido tu fase. Si hoy estás en 1 millón de ingresos, no necesitas al líder que ha escalado de 10 a 50 millones. Necesitas a quien ha recorrido el tramo de 1 a 10. Ese es el talento que te hará avanzar ahora, no el que brilla en la foto final.

Por eso, los primeros diez fichajes de una startup son realmente importantes y tienen una gran correlación con las posibilidades de éxito. Seguro que no hay un patrón que sirva para todos, pero los chicos de Seedcamp[1] han publicado una serie de buenas prácticas que son realmente útiles. Van desde los *building blocks* iniciales para atraer talento y tener una distribución lógica de los equipos, hasta el *employer branding*, qué tipo de perfiles buscar y para qué posiciones iniciales y cómo elegir los mejores candidatos y cerrar el proceso de contratación. En el QR podéis encontrar estos consejos.

A medida que creces y pasas de estos diez primeros empleados, se hace más perentoria la necesidad de contar con ejecutivas que lo "hayan hecho antes" y no tengan miedo de acelerar pendiente abajo (o hacia arriba según se quiera ver). Más o menos cuando la compañía alcanza más de 1-2 millones de facturación, cuenta con 30-40 miembros en el equipo y está comenzando su aceleración con dinero en la caja después de levantar una serie A de financiación, entras en lo que Reid Hoffman, cofundador de LinkedIn, define como la *tribal phase* en su teoría de *Blitzscaling*.

Un gran artículo de Jason Lemkin explica en qué orden debería contratar su equipo directivo en una startup.[2] Aunque en realidad el propio Jason, resume sus consejos en uno solo: "Contrata a todos tus VP en cuanto puedas encontrarlos después de alcanzar 1 M de ARR. De verdad".

He adaptado los conceptos clave del artículo de Jason a la realidad del ecosistema español en el que, por desgracia, disponemos de menos talento con experiencia probada en escalado de compañías por encima de diez millones de ingresos anuales recurrentes y, por tanto, tenemos que intentar formar a algunos de nuestros mejores miembros del equipo para que crezcan en sus propios roles y tomen más peso a medida que la compañía se sofistica.

Para cualquiera de estas posiciones, ten cuidado también con fichar a personas demasiado obsesionadas con el título y con los *perks* que les ofreces. En una startup que todavía tiene tanto por hacer, esa fijación es una *red flag*

---

1. `https://seedcamp.com/firsthires/`.

2. "Order hire management team", de Jason Lemkin, `https://www.saastr.com/order-hire-management-team/`.

clara porque revela que la motivación principal no es el reto ni el impacto, sino el estatus. Y, en un entorno donde cada gramo de energía debe ir a construir producto, equipo y clientes, ese tipo de ego corporativo es un lastre que puede costar muy caro.

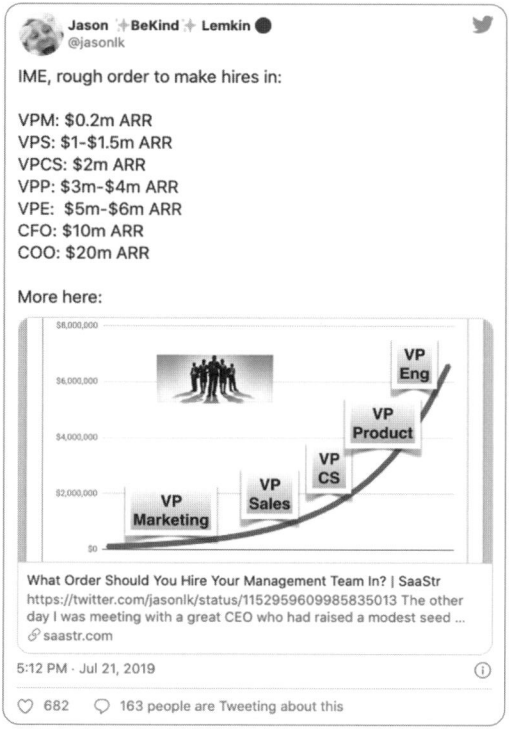

Order hire management team por Jason Lemkin.

MARKETING (CMO)

Tiene sentido empezar por el marketing para completar tu equipo directivo, porque desde el primer momento tienes que validar si hay *fit* con el mercado y para eso necesitas *leads* con quien hablar. Y no puedes depender solo de la red personal de los fundadores una vez que tienes una escala mínima, así que deberías intentar contratar a tu primer *head of marketing* tan pronto como alcances tus primeras ventas significativas, digamos 50.000 euros en MRR (ingresos recurrentes). Digo *head of marketing* y no VP o CMO porque un error muy común de muchos emprendedores primerizos es utilizar demasiado pronto títulos rimbombantes para atraer talento. Y, claro, en un par de iteraciones has utilizado todos tus huecos de *C-level* y después no te queda espacio de crecimiento para meter a personas mucho más experimentadas, por encima de esos CXO cuando escala tu compañía.

Unas primeras decenas de miles de MRR puede parecer demasiado pronto para fichar a un responsable de marketing y es posible que se pueda conseguir un *pipeline* de 1 millón de euros de ARR a base de *posts* en LinkedIn de los fundadores y machacando relaciones cercanas, pero una gran responsable de *demand generation* (o quizá *growth hacking* si trabajas en SMB) puede aportar muchísimo valor desde muy pronto. Y en la era de las *AI first companies*, donde el tiempo que tardas en ser copiado se reduce casi a semanas, ser dueño de la narrativa desde el día uno es fundamental. Así consigues convertirte en la opción de facto para los potenciales clientes que tienen ganas de probar cosas nuevas y te consolidas en un mercado que está aún en plena creación.

Además, en estos momentos es posible y necesario utilizar agentes de inteligencia artificial para que trabajen mientras duermes. Por ejemplo ahora puedes transformar radicalmente tu generación de *Content & SEO Operations* con una producción masiva de contenido a escala, creando decenas de blogs de alta calidad cada mes. Este enfoque permite un nivel de escalabilidad que era imposible de alcanzar únicamente con equipos humanos, permitiendo a las empresas multiplicar su presencia digital de forma eficiente y consistente, sobre todo en sectores donde los incumbentes siguen anclados en paradigmas obsoletos y a compañías o profesionales que aún no han adoptado estrategias de contenido potenciadas por la inteligencia artificial.

Lemkin justifica el coste de ese primer responsable de marketing, porque "si estás creciendo de manera orgánica 4x, pasando de 200.000 dólares en ARR este año a 800.000 dólares al final del mismo y tu primera *head of marketing* logra aumentar los *leads* cualificados en solo un 25 %", eso por sí solo cubrirá todo su salario en EE. UU., así que imagínate si merece la pena en España.

VENTAS (VP SALES-CRO)

Estoy convencido de que los fundadores tienen que ser los que consigan traer ellos mismos el primer millón de euros de ARR. Es una tarea que es imposible delegar en un vendedor profesional, porque, en esas etapas tan iniciales, si cierras un contrato comercial, además de por suerte, es porque has sido capaz de hacer magia a tiempo real en la reunión, modificando el propio producto de un modo que solo un fundador puede conseguir. Así que únicamente estarás listo para tu primer VP de ventas cuando alcances ese primer millón en ingresos recurrentes a pulmón.

Además, deberías tener para entonces al menos a un par de vendedores cumpliendo su cuota trimestral y con algunos procesos repetibles aunque todavía no funcionen como un reloj. Esos primeros guerrilleros que se pusieron a tu lado y han aprendido de ti van a necesitar una guía con mayor experiencia para escalar el equipo y para afinar los procesos. Lo ideal es contar con tu VP de ventas a tiempo para que contrate desde el vendedor 3 hasta el 300. Pedirle que contrate a los primeros vendedores antes de que lo hayas validado tú mismo es garantía de desastre.

Encontrar un buen VP de ventas ha sido un quebradero de cabeza durante toda mi carrera, buscas un profesional experimentado, con contactos corporativos, entendimiento técnico, don de gentes, energía, capacidad de adaptación al caos startupero... casi un unicornio, vamos.

Cuando empezamos a crecer en **CARTO** y buscamos nuestro primer *VP Sales* americano, fichamos a una "estrella" como VP de ventas tras la serie A. Las señales estaban ahí y preferimos no verlas, nos pedía el título de CRO desde el día uno y viajar en *business class*, un *draw* no recuperable de 6 meses y tenía un historial de cambios de trabajo, cinco empresas en siete años. Durante el proceso de entrevistas evitó un *role-play* vendiendo nuestro producto y no supo contar un fracaso propio con datos.

Sus primeros 90 días fueron un reflejo del perfecto manual del impostor: reetiquetó el *pipeline* heredado para prometer "120 % de cuota" sin crear oportunidades nuevas, pidió SDRs y presupuesto de eventos antes de definir *stages* y criterios de cualificación y se trajo a dos excompañeros mediocres. La cobertura de *pipeline* cayó de 3× a 1× por *slips* y optimismo injustificado. Por supuesto, culpó a Marketing y a Producto de sus cero *closed-won* netos en todo el periodo y, de propina, nos regaló la pérdida de un cliente ancla por expectativas mal gestionadas.

El impacto dolió durante meses, con objetivos de ingresos retrasados medio año, dos vendedores sólidos que se marcharon desmotivados y un daño reputacional con dos cuentas estratégicas.

Así que, como es una contratación muy importante, antes de empezar, tenemos que pensar dónde está el caladero ideal para encontrar ese perfil. Se trata de un rol muy demandado en el mercado, que puede encontrar múltiples opciones laborales tanto en corporaciones como en *scaleups*. Por tanto, si buscas una realmente buena, eso quiere decir que también será una gran candidata para otras muchas *scaleups* en una situación parecida, así que toca comenzar vendiendo tu compañía a VC, reclutadores, otros fundadores, a toda tu red, vamos. Necesitas que se conviertan en prescriptores ante esa rara avis que está en la casi mínima intersección de los candidatos que cumplen tus requisitos y que además quieran trabajar contigo.

Porque pretendes que te vea como la mejor opción del mercado, no quieres que su motivación sea que esté buscando un lugar donde aterrizar a corto plazo, que le asegure 3 meses (¡o 6!) de *non-recoverable draw* garantizado y además un salario sustancioso entre base, variable y *stock options*. Los responsables de ventas son de los miembros del equipo mejor pagados, si no los mejor pagados, y es razonable que sea así, pero solo si es por éxito, es decir, por ventas contantes y sonantes.

Así que tendrás que hacerles ver en las entrevistas que tu proyecto es el nuevo *hot thing*, y hacerles el *pitch* para inversores de tu última ronda para demostrar por qué aquí tienen mucho más que ganar que el sueldazo habitual al que están acostumbrados y cómo tus *stock options* pueden marcar la diferencia cuando te conviertas en un unicornio en 5 años.

Nunca des por sentado que el candidato quiere el puesto; se trata de un baile mutuo en el que ambas partes se analizan para ver el posible encaje, mientras quedan con otros.

Y, como se trata de atraer con todo lo que tienes, expón a tu futura *VP Sales* con el resto de tus ejecutivos sénior y gente clave del equipo de ventas, la *board*, etc. El *fit* cultural del *VP Sales* es importante, sobre todo en compañías con un ADN técnico y de producto muy fuerte, y necesitas que tu CTO y equipo técnico esté totalmente alineado con el fichaje que estás haciendo.

Asegúrate también de que hace sus propias ventas porque arremangarse será su pan de cada día.

Puede que el candidato ideal provenga de una startup que no ha funcionado, estos candidatos pueden traer grandes aprendizajes y además la motivación de querer tener éxito en esta ocasión. Idealmente, estás buscando a la mejor, que haya tenido un éxito atronador, pero que ahora esté en una *scaleup* que empieza a declinar. Aunque, claro, si declina, ¿será por su culpa? Toca apostar.

De hecho, si a su compañía le va realmente bien es casi imposible que quiera moverse, porque tendrá garantizado un bonus por consecución de objetivos contra el que no puedes competir y además sus *stock options* parecerán más valiosas que las que puedas ofrecer en este momento.

Otra opción es buscar entre los mejores número dos de una *scaleup* de éxito que tienen ambición de crecer desde *director of Sales* a VP, pero saben que en un futuro próximo no hay hueco donde están ahora mismo.

En general, es mejor que no dejes que tus inversores te impongan el VP de ventas, por muy bienintencionados que sean. Es bueno que hagan recomendaciones dentro de su red, pero, si empujan demasiado a su candidato, después se verán impelidos a justificar que ha sido la mejor decisión posible pase lo que pase y además tendrás un *backdoor* de información sensible, que buscará presentarse siempre con la mejor cara a costa de tu estrategia y de criticar aceradamente todo lo que has hecho en el pasado.

Y ten cuidado con los VP mercenarios que cambian de trabajo cada 12-18 meses y siempre culpan del cambio a los fundadores o a que la estructura no estaba lista para ellos.

¿Es realmente bueno o simplemente tuvo suerte en su empresa anterior? Esa es la pregunta incómoda que deberías hacerte en cada proceso de contratación de talento sénior. Porque muchos candidatos llegan con el brillo de un logo conocido en el currículo, pero lo difícil es separar qué parte del éxito fue mérito propio y cuál fue fruto de estar en el sitio adecuado en el momento oportuno.

La frase que más tienes que temer después de tres meses es: "Tu empresa no está preparada para mí", y que comuniquen a bombo y platillo a tus inversores, a tus clientes que tu producto no está listo, que ingeniería está atascada, que marketing no produce *leads* suficientes, etc. Quieres que arrimen el hombro como un miembro más del equipo, asumiendo que no todo es perfecto pero que son parte de la solución.

Algunos *VP Sales* te pedirán que les nombres CRO (*Chief Revenue Officer*) para moverse y así justificar el siguiente paso en su carrera. En general, evitaría jugar con títulos en esta fase que tienden a una inflación infinita, e intenta reservar los CXO para los *founders* y para fichajes que hagas más adelante. Evita que haya una diferenciación artificial en tu *excom* entre quienes son CXO y VP, que no conduce a nada más que al desgaste de la política corporativa.

Cuando estés fichando a VP en EE. UU. o Reino Unido, ten mucho cuidado con el inglés. A veces los españoles pecamos de pueblerinos y pensamos que hablar bien inglés es una señal de competencia y nos obnubila el estupendo acento de los candidatos. Todos hablan perfecto claro, pero es que hasta el más tonto es nativo.

Para evitar caer en esa trampa, intento hacerles preguntas que les obliguen a salirse de su *pitch* de venta personal habitual y pongan en funcionamiento su CPU mental. También para poder conocer un poco más a la persona más allá del personaje que se han creado como buenos vendedores que son. Una pregunta puede ser: "¿Cuál es el momento de mayor tensión que has vivido en tu vida?".

También me ha servido mucho la *contrarian question* de Peter Thiel, cofundador de Paypal y de Palantir: "¿Qué verdad importante tienes, que muy pocas personas comparten contigo?".

No porque tenga interés en la respuesta en sí misma, sino por ver cómo se desarman al alejarse del típico discurso de ventas. Otras preguntas interesantes para ese proceso de selección son:

- ¿Cuáles son tus prioridades durante los siguientes 3 y 6 meses si te unieras al equipo?

- ¿Por qué compran tus clientes tu producto actual y por qué pierdes *deals*?

- ¿Cuál ha sido el rendimiento de tu equipo durante los últimos 4 *quarters* y por qué?

- ¿Cómo son las personas clave de tu equipo? ¿Qué las define?

No me fío mucho de cómo me venden su producto actual, porque ese *playbook* de ventas puede haber sido creado por otra persona en su organización, pero me parece más interesante hacer que intenten vender el mío. Al menos así muestran el interés que tienen en entender los factores diferenciales de tu producto, que serán claves para su propio éxito. Si no sabe de tu producto y no le interesa de verdad el valor del *equity*, entonces es que están buscando una salida rápida a su situación actual y no pondrán la energía necesaria para pasar los baches del futuro contigo.

En muchos casos me he emocionado viendo *powerpoints*, *battledecks*, estrategias de ventas de otras compañías que aseguran haber desarrollado ellos como responsable de ventas, pero luego no son capaces de hacer lo mismo con tu startup.

Necesitas alguien que entienda muy bien cómo trabajar con ingeniería y con el equipo de *product managers*, aceptando los tiempos cambiantes en las fechas de entrega de una nueva versión del producto. No quieres que siempre esté pidiendo otra funcionalidad extra para cerrar el acuerdo, aunque a veces una *sponsored feature* puede acercarte a un cliente clave y llevarte al siguiente nivel.

Tampoco quieres que sea solo el abogado del equipo de ventas en todas las discusiones, sin entender el resto de opiniones, creando un silo corporativo innecesario en una estructura tan pequeña. Necesitas que venga cada mañana con la actitud de arrimar el hombro para que todos tengan éxito, no con la intención de negociar viajar en primera "porque yo lo valgo", cuando no es parte de la política del resto del equipo.

Este par de consejos de Jason Lemkin, que lo ha escrito todo sobre este rol, resumen bien lo que puedes buscar en la responsable de ventas:

"¿Ha montado un equipo antes? ¿Ha fichado al menos 2-3 vendedores que han tenido buen rendimiento?".

Si ha podido fichar a 2-3 vendedores con talento, es muy posible que pueda fichar a 20 o 30. La capacidad de reclutar es fundamental en este rol.

"¿Ha vendido productos a un precio/*ticket* similar?".

Las ventas de productos de 1.000-2.000 euros son muy distintas a las de 30.000-40.000, por no hablar de las ventas corporativas complejas de 300.000-400.000 euros.

Añado que es importante que tengan un alto estándar de integridad moral, tanto para gestionar a perfiles con mucha ambición y motivación económica, como para presentar información de *pipeline* de ventas que sea veraz y que evite disfrazar los *deals* con servicios profesionales o requisitos imposibles para cumplir con el objetivo de ventas del cuatrimestre.

Por otro lado, las *scaleups* con base en España deben tener cuidado con los perfiles demasiado americanos, que no entienden cómo trabajar con comerciales europeos, que tienen otro modo de trabajar e incentivos. Lo mismo pasa en la relación con los clientes corporativos o con el equipo de ingeniería: la integración cultural puede ser muy compleja, aún más en este mundo post-covid con menos viajes y por tanto menos tiempo en persona para conocerse más allá del entorno laboral.

Una vez que lo has fichado, un buen *VP Sales* necesita *ownership*. No lo escondas de tu *board*, haz que sienta la presión de presentar los éxitos y los fracasos cada trimestre y tampoco crees una estructura compleja en tu organigrama, lo mejor es que reporte directamente al CEO.

En los siguientes 90 días, debería haber conseguido traer un gran cliente, haber fichado 1-2 *Sales reps* de su confianza, lo que demuestra capacidad de liderazgo y una red potente (ojo con que traiga a una corte de los milagros de comerciales fallidos para proteger su posición) y haber insuflado de energía y cadencia de procesos al resto del equipo de ventas, incrementando el *pipeline* al menos en un 15-20 %.

Como decía antes, una buena VP de ventas es cara, pero más caro es equivocarse al fichar. Puede alienar a alguno de los mejores miembros de tu equipo tanto de ventas como de ingeniería y hacer que se vaya, puede fichar a gente mediocre que destruya las previsiones de ventas de todo el año y puede estropear las relaciones con varios clientes ancla.

Así que siempre que puedas busca referencias en tu fichaje, habla con otros *founders* con los que haya trabajado, con otros comerciales que estuvieran a su cargo, con VC. Diría que necesitas al menos cinco referencias y tienen que ser realmente positivas, ya que en EE. UU. es muy complicado que te den una mala referencia de alguien (pueden tener responsabilidades legales por estropear una carrera profesional y ser denunciados), así que tendrás que leer entre líneas y descubrir los matices entre "era realmente increíble" y "es un buen tipo y un gestor competente".

Jason dice: "Sabréis cuándo no funciona, es algo que se nota pronto, en general porque has fichado al perfil que no encajaba con tu estadio de crecimiento". El mayor error es que los fundadores quieren contratar a alguien de Salesforce, Dropbox u otra empresa de renombre, contratan al "señor *Dashboard*" cuando deberían haber contratado al "Evangelista".

CUSTOMER SUCCESS (CSO)

Al primer responsable de *customer success* lo necesitarás alrededor de los 2-3 millones de dólares en ARR. Durante tus primeras ventas puedes "hackear" el *customer success* con uno o dos *individual contributors* con algo de experiencia y mucha energía. Incluso puede ser mejor empezar con varios *CS managers* sin un jefe por encima, antes que con un responsable, ya que muchos líderes de CS hoy no quieren ser tan *hands-on* como antes. Pero necesitarás un responsable para escalar más allá de dos personas en el equipo.

Una sola persona puede manejar un volúmen de unos 500.000 a 1 millón de dólares de ventas (es decir, unos 10-15 clientes), aunque con la IA podrás tener una mayor productividad por empleado. Así que cuando llegas a 2-3 millones de dólares de facturación anual, ya no es suficiente con unos pocos empleados de *customer success* gestionados directamente por ti. Y, si es alguien dispuesta a ser muy participativa, tu primera VP de CS incluso puede ser la contratación #1 o #2 de ese equipo. Siempre es bueno dar oportunidades de crecer y boxear por encima de su peso a los miembros de tu equipo que conocen bien cuál es el estilo de relación con los clientes que ha funcionado mientras consolidas tu *product-market fit*.

PRODUCTO (CPO)

Lo más probable es que no lo veas muy claro, porque tengas un fundador que se dedica justamente a esto, pero necesitarás un VP de producto cuando llegues en torno a 4-5 millones de dólares de ingresos. La mayoría de los fundadores primerizos nunca han trabajado con un gran VP de producto, así que no lo entienden de forma intuitiva, porque no saben de qué manera puede afilar tu hoja de ruta y evitarte cuellos de botella innecesarios.

Pero, cuando tengas 20-100 clientes *enterprise*, 50-100+ flujos de trabajo en paralelo y más de 10 configuraciones del producto, todo se vuelve demasiado complejo para gestionarlo a tiempo parcial o en tu cabeza.

Necesitas a alguien que dedique más de 50 horas a la semana a planificar el *roadmap*, alinearlo con los *poles* que decíamos en el capítulo de visión, priorizar la opinión de los clientes, coordinarse con el equipo de ingeniería. Una vez que contrates a uno excelente, lo entenderás: es un lujo que te permitirá crecer mucho más rápido.

INGENIERÍA (VP *ENGINEERING*)

Explica Jason que necesitarás un VP de ingeniería alrededor de los 8-10 millones de dólares en ARR (antes, incluso mejor). "El 90 % de los CTO y fundadores tienen dificultades para contratar de 10 a 100 ingenieros". Porque suelen ser grandes desarrolladores, científicos o *hackers* que pueden atraer a un pequeño equipo excelente bajo ellos, pero que se van a aburrir muchísimo con la tarea de reclutar a gran escala, de establecer procesos de despliegue, mantener el *legacy code*, organizar revisiones de código, montar un equipo de DevOps y otro de SecOps, definir estrategias…

Alguien sénior debería dedicar la mitad de su tiempo a contratar, un 25 % a detectar problemas y otro 25 % a planificar. Este rol de VP de ingeniería suele implicar pocos *code commits*, aunque siempre es recomendable que le guste programar y dedique algo de tiempo cada semana a la tarea. Con todo, se trata sobre todo de una gestión de personas y hacer de traductor con el responsable de producto y con los equipos comerciales.

Sin un gran VP de ingeniería, no podrás escalar tu equipo técnico, por muy buen desarrollador que sea tu CTO. Creo que en ese punto el rol del CTO tiene que evolucionar hacia detector de tendencias, diseñador de la arquitectura y evangelista, que no es poco.

FINANZAS (CFO)

El CFO no debe ser una contratación temprana. En la mayoría de los casos, puedes sobrevivir mucho tiempo con un buen gestor externo o incluso con un *controller* que lleve la contabilidad, prepare los cierres y apoye con el *reporting* básico para inversores. El fundador debe saber leer una cuenta de resultados y un balance, no hay excusa.

Dicho esto, el momento de fichar a un CFO de verdad suele llegar entre los 6 y los 10 millones de euros de ARR, cuando ya estás manejando varias rondas de financiación, tienes un *burn* mensual de cientos de miles de euros, operaciones internacionales y estructuras societarias más complejas. Javi y yo nos encontramos en **CARTO** con que teníamos una *holding* en Delaware con una sucursal en España y un complejo proceso de costes de transferencia, casi sin darnos cuenta, tras hacer la redomiciliación de nuestra matriz a Estados Unidos. Ahí es donde un gran responsable de finanzas que lo haya hecho antes marca la diferencia: optimizando *cash flow*, refinanciando deuda de forma inteligente, cerrando líneas de crédito, gestionando auditorías y, sobre todo, preparando el terreno para tu serie C o incluso para la salida a bolsa.

JobandTalent, por ejemplo, incorporó a una CFO del estilo *been-there-done-that* con cicatrices de las batallas pasadas, como Linda Höglund, con una trayectoria en hipercrecimiento probada, en mayo de 2025. Linda entró para apoyar la "próxima fase de expansión" con foco en la gestión de deuda, M&A, *reporting* de nivel institucional, al tiempo que aumentaba la complejidad regulatoria y financiera del proyecto.

El CFO estratégico es un rol importante cuando hay operaciones internacionales y *burn* relevante para acelerar crecimiento con estructura de capital y control. En España solemos pecar de traer al CFO demasiado pronto, y entonces se convierten en contables de lujo sin impacto estratégico. Mejor esperar y contratar a alguien que de verdad haya pilotado empresas en crecimiento exponencial y que entienda que su rol no es solo controlar el gasto, sino habilitar el crecimiento.

PERSONAS (HR/*PEOPLE*)

Aquí mi recomendación es justo la contraria: no esperes demasiado. El reclutamiento y la cultura no pueden ser una ocurrencia tardía. Es un error frecuente que el *founder* asuma que "ya nos organizamos entre todos para fichar gente" cuando, en realidad, atraer y seleccionar talento es la gasolina de tu compañía. En mi opinión, necesitas un *recruiter* interno muy pronto, incluso cuando estás todavía en tu primer millón de ARR. Un buen reclutador a tiempo completo puede transformar tu capacidad de fichar talento top, evitarte semanas de entrevistas improductivas y, sobre todo, liberar al CEO o al CTO de tareas que drenan una enorme cantidad de energía.

El VP o director de *People* se hace necesario a partir de los 3-5 millones de euros de ARR, cuando ya tienes 50-80 personas en el equipo y necesitas políticas claras de *onboarding, performance reviews, equity allocation* y planes de carrera. Ahí se vuelve crítico tener alguien que piense en cultura de manera intencional, que alinee a todos con los valores de la compañía y que evite que la organización se fragmente en silos. La cultura no es algo que se mantenga solo, hay que diseñarla, comunicarla y reforzarla cada día.

Por eso, si tuviera que priorizar, yo ficharía a un *recruiter* lo antes posible, incluso antes de tener *head of Marketing*, y después construiría un equipo de *People* más completo según vayas escalando. La capacidad de atraer, fichar y retener talento es probablemente el factor diferencial que determina si tu proyecto se convierte en una *scaleup* o se queda en el camino.

OPERACIONES (COO)

No me olvido del rol que forma parte central de este libro, aunque lo deje para casi el final. Ya vimos en el capítulo 7 que, si estableces una buena cadencia, te puede sobrar el puesto, aunque, para mí, se trata de un rol que tiene sentido siempre como aliado y complemento del CEO, y por tanto dependerá mucho del perfil y fortalezas del fundador quién y cuándo ocupará ese espacio.

Los inversores suelen recurrir con frecuencia a la figura del *chief operating officer* para resolver problemas de gestión dentro del equipo fundador. En Silicon Valley se ha popularizado un término elegante para describirlo: *adult supervision*. Es, en esencia, la incorporación de alguien con más experiencia, normalmente en gestión, que ayude a compensar las carencias de un grupo de fundadores demasiado jóvenes, demasiado técnicos o, simplemente, poco acostumbrados a coordinar equipos grandes.

Ahora bien, esta jugada no está exenta de riesgos. La llegada de un COO "profesional" puede generar anticuerpos dentro de la organización: la startup es un cuerpo vivo, y a veces rechaza lo que percibe como un órgano trasplantado desde fuera. Los fundadores pueden verlo como una amenaza directa, especialmente si el perfil elegido proyecta la imagen de un CEO en potencia, una vez que se haya hecho a la compañía. Esa sospecha es letal, porque lo convierte en un rival en lugar de un aliado.

Por eso, en ocasiones es más inteligente empezar con un título menos ambicioso, como *head of Operations*. Desde esa posición se puede demostrar valor, ganarse la confianza del equipo y desactivar los miedos iniciales. Una vez conquistados los galones internos y probado que el rol aporta estabilidad y crecimiento, se da el paso natural a COO. Es una transición más lenta, sí, pero suele garantizar una integración mucho más efectiva y duradera.

CHIEF OF STAFF (COS)

Durante los últimos años se ha puesto de moda un rol que sirve como una puerta de entrada al funcionamiento de un comité ejecutivo y de los engranajes de una compañía, el *chief of Staff*.

Es una posición ideal para personas jóvenes, con experiencia en consultoría o *venture capital*, que quieren dar el salto a una startup en fase de crecimiento acelerado y que pueden convertirse en un soporte fundamental del CEO o de los fundadores. Su misión es multiplicar la efectividad del CEO y del equipo ejecutivo, asegurando que la estrategia se convierta en ejecución y que la organización avance de forma coordinada, rápida y alineada. Dicen en Silicon Valley:

> "El CEO dirige la empresa. El *chief of Staff* se asegura de que la empresa pueda funcionar de verdad".

Pero, cuidado, uno de los riesgos del rol de *chief of Staff* en una startup es que se convierta en un cargo sin poder real, una especie de "secretaría ejecutiva con galones" que coordina, agenda y transmite mensajes, pero no decide ni transforma nada.

Cuando eso ocurre, el puesto se vacía de sentido, y el *chief of Staff* se convierte en un correveidile de lujo, atrapado entre el CEO y el COO, gestionando tareas y comunicaciones sin influencia ni capacidad de mando. Termina quemado, frustrado y con la sensación de que todo depende de otros.

Esto suele pasar por una de estas dos razones:

1. **Falta de claridad en el mandato:** El CEO quiere alguien que le ayude con todo, pero no define qué poder real tiene esa persona ni en qué decisiones participa. Sin ese marco, el CoS acaba haciendo de asistente operativo o de apagafuegos.

2. **Cultura de liderazgo centralizado:** Si el CEO no delega ni confía, el *chief of Staff* solo podrá ejecutar instrucciones, sin margen para actuar como socio estratégico.

El verdadero valor del rol está en lo contrario: en ser un integrador con autoridad moral y operativa, alguien que conecta áreas, impulsa prioridades y puede tomar decisiones dentro de un marco claro. No se trata de tener un equipo propio, sino de tener influencia efectiva sobre todos los equipos, basada en confianza, contexto y criterio. Un buen *chief of Staff* no hace de intermediario, sino de acelerador. Si no tiene espacio para cuestionar, priorizar y decidir, se convierte en un filtro más dentro del sistema, no en un catalizador de impacto.

Personalmente, me gusta especialmente el rol de *chief of Staff* cuando se le da propiedad real sobre los *special projects*, esos temas estratégicos que el CEO considera clave pero que nunca encuentra el tiempo de abordar.

Así, el *chief of Staff* se convierte en el ejecutor de la agenda pendiente del CEO, el que convierte las buenas intenciones en resultados tangibles. Puede tratarse de lanzar una nueva línea de negocio, rediseñar el proceso de OKR, cerrar una alianza clave o preparar una ronda de inversión, proyectos que exigen criterio, discreción y visión transversal, pero que normalmente se quedan en el limbo entre la urgencia y lo importante.

Cuando el CoS asume ese tipo de misiones, deja de ser un rol de coordinación para convertirse en un rol de impacto, con un mandato claro y autonomía para ejecutar. Es el brazo operativo del CEO en temas estratégicos, no su asistente.

En resumen, me gusta el *chief of Staff* cuando tiene *ownership*, no solo *oversight*; cuando deja de ser quien transmite las prioridades del CEO y pasa a ser quien las materializa. Ahí sí, el puesto se vuelve transformador.

* * *

A veces, puedes encontrar la persona adecuada para uno de los roles de tu comité ejecutivo en la transición de uno de tus miembros del equipo, que ha crecido o quiere dedicarse a otras partes del negocio. El caso de Jean-Christophe "JC" Taunay-Bucalo en **Travelperk** es un buen reflejo de esta evolución, ya que pasó de CRO a COO tras seis años llevando ingresos. Nos lo contó en nuestro pódcast de Kfund, que merece la pena escuchar.[3]

Aprovecharon un *timing* perfecto post-PMF, dando la capacidad de orquestar *People, Customer Care* y la coordinación *Revenue*-Producto a quien ya había escalado ingresos de 0-140.000 dólares construyendo el relevo interno cuando el negocio pedía transversalidad. El cambio vino acompañado de refuerzos en las posiciones de CRO y *VP Sales* de North América, alineando expansión geográfica con gobierno operativo unificado evitando silos entre operaciones, ventas y producto.

He mencionado en este capítulo cómo fichar a los primeros empleados y qué tipo de ejecutivos puedes necesitar y en qué momento, pero a partir de ese equipo inicial de 10-15 personas hay que evitar pensar que la solución es

---

3. "How travelperk survived Covid", https://www.youtube.com/watch?v=D00pX2IT2Do.

"lanzar más gente al problema". Más gente puede hacer las cosas más difíciles, no acelerar la solución. Gaurav Vohra,[4] del equipo fundador de **superhuman**, lo explica bien y con humor, poniendo el foco en el proceso de contrataciones. Argumenta que es mejor que "no construyas todo tu equipo poniendo a las personas primero. Empieza por lo que necesitas lograr".

Y, para ello, "escribe un MOC, un documento que describa la misión, los resultados esperados y las competencias del puesto. Expón el caso de negocio para la contratación y detalla qué debería lograr la nueva incorporación en los próximos 6, 12 y 24 meses" y, de manera clave, ese "MOC también define resultados de negocio claros".

En esta tabla te indico los posibles roles directivos de cada estadío de la compañía, aunque recuerda que cada organización es distinta y no hay un manual que pueda cubrir todos los casos.

Área/ Aspecto	*Seed* (0-1 millón de euros ARR; 5-20 personas)	Serie A 1-3 millones de euros ARR; 30-60 personas)	Serie B (≥5-10 millones de euros ARR; 80-150 personas)
Liderazgo y títulos	*Founders* (CEO/CTO). Evita inflar títulos (CXO). Roles *player/coach*.	*Heads/Directors* en MKT y Ventas. **VP Sales** cuando alcanzas aproximadamente 1 millón de euros ARR "a pulmón". Posible *Head of Ops*.	VP formales (Sales, Producto, Eng, CS). **CFO** entre 8-12 millones de euros ARR. **COO** si se complica la cosa.
Marketing	1 IC de *Growth/ Content* + apoyo externo. **Head of Marketing** sobre unos 50.000 euros MRR. ICP y primeras campañas.	*Head MKT + Demand Gen + Content/ SEO* + (RevOps fraccional). Objetivo: 40-60 % contribución a *pipeline*, *CAC payback* objetivo. **AI content factory** y *ownership* de narrativa.	**VP MKT** + especialistas. ABM para *enterprise*. RevOps propio. Escala de contenidos y PR.

4. https://substack.gauravvohra.com/p/stop-hiring-people?utm_source=substack&publication_id=3171576&post_id=176373819&utm_medium=email&utm_content=share&utm_campaign=email-share&triggerShare=true&isFreemail=true&r=5not&triedRedirect=true.

Área/ Aspecto	Seed (0-1 millón de euros ARR; 5-20 personas)	Serie A 1-3 millones de euros ARR; 30-60 personas)	Serie B (≥5-10 millones de euros ARR; 80-150 personas)
Ventas	*Founders* venden hasta aproximadamente 1 millón de euros ARR. 1-2 *reps IC* iniciales. *Playbook* básico.	*VP Sales* (*reps* #3 al #10). Territorios y cuotas, cobertura de *pipeline* 3-4×, *comp* basado en ARR/ACV real. *Handoff* de MKT→*Sales*. Reporta al CEO.	20-50 *reps*. Managers 1ª línea (*span* 6-8). Especialización SDR/ AE/AM. CRO opcional post-B (evitar inflación de títulos).
Customer success	1-2 IC CS sin jefe. *Onboarding* básico, TTV visible.	*Head/VP CS* en 2-3 millones de euros ARR. Ratios cuenta/CSM por segmento. Objetivo **NRR ≥100 %**.	CS por funciones (*onboarding*, CSM, *Support*, *Escalations*). *Health score* y QBR. **NRR 110-120 %** objetivo.
Producto	*Founder*-PM. *Discovery* directo con clientes. *Roadmap* ligero.	***Head/VP Product*** en aproximadamente 4-5 millones de euros ARR. 1-3 PM. ***Dual-track discovery***. Gobernanza mensual de *roadmap* y capacidad para deuda (20-30 %).	*VP Product* + *Group PMs/Design/Research*. Portfolio por pilares y métricas de *outcomes* (no solo *output*).
Ingeniería	CTO + 3-8 *devs*. Sin procesos pesados; CI/CD básico.	10-30 *devs*. Plataforma/DevOps, *staff engineers*, calidad. Guardarraíles de seguridad.	**VP Ingeniería** (si no antes). 30-100 *devs*. SRE, SecOps, DevEx. 20-30 % capacidad a fiabilidad/deuda técnica.
Finanzas	Gestor externo/ *controller* fraccional. *Reporting* simple (*cash*, *runway*, *burn*).	*Controller in-house*. Cierre mensual día +10. ***Board pack*** estándar y *rolling forecast* 13 meses.	**CFO** (8-12 millones de euros ARR). FP&A, deuda, auditoría, *treasury*. Preparación Serie C/ IPO-*readiness*.

Área/ Aspecto	Seed (0-1 millón de euros ARR; 5-20 personas)	Serie A 1-3 millones de euros ARR; 30-60 personas)	Serie B (≥5-10 millones de euros ARR; 80-150 personas)
People/HR	*Recruiter* **interno temprano**. Ritualizar cultura (principios operativos).	***Head*/Director People** (5-6 millones de euros ARR). *Performance reviews*, bandas salariales/ *equity, onboarding*.	*People Ops*, L&D, HRBP, sucesión. eNPS y *manager training* sistemático.
Operacio-nes/COO	*Head of Ops* si hace falta. Implanta ***operating cadence*** y *dashboard* de métricas.	**COO opcional** para orquestación *cross-funcional* y OKRs. Unifica SLA internos.	**COO formal** si multipaís/producto. *Escalation path* claro y gobernanza de portfolio.
RevOps/BI & Data	Analista externo/*part-time*. CRM limpio, atribución básica.	*RevOps in-house*. *Datalake* ligero, *self-serve dashboards*.	Equipo BI/RevOps. *Revenue architecture*, *ML scoring*, gobierno de datos y *compliance*.
Prioridades clave por etapa	PMF, velocidad, logos iniciales, narrativa y foco.	Repetibilidad: *playbooks, pipeline, hiring* y calidad.	Escala: procesos, fiabilidad, expansión/NRR, internacionalización.

MITOS Y VERDADES

- Contratar a los VP adecuados en el momento justo es decisivo para escalar. La inflación de títulos te bloquea el futuro. Empieza por *Heads/Directors* y reserva CXO para cuando el estadio lo pida.

- Un CFO temprano no te ordena la casa. Antes de 8-12 millones de euros ARR, un CFO suele ser contable de lujo.

- El radio de destrucción de una mala contratación en tu equipo ejecutivo es enorme; si no estás seguro, espera.

- Traer un perfil muy americano no siempre acelera. Si no entiende Europa (ciclos, incentivos, cultura), genera rechazo *cross*-funcional y politiqueo caro.

HITOS Y RITOS

- ☐ Fija política de títulos, sin *C-level* prematuro; evoluciona de *Head/Director*→VP→CxO post- serie B.

- ☐ Establece política de *perks* y viajes coherente (nada de excepciones *ad hoc*).

- ☐ Activa a VC, *founders* y *recruiters* como prescriptores de cada candidatura e identifica número dos de *scaleups* que buscan dar el salto a VP en un área concreta.

- ☐ Usa preguntas de profundidad: prioridades 3/6 meses, por qué ganan/ pierden, *performance* últimos 4 Q, *contrarian question*.

- ☐ Plan 30-60-90 días obligatorio para cada VP con 3 entregables. 30: diagnóstico y *quick wins*; 60: plan de equipo y *pipeline*; 90: KPI de impacto (por ejemplo, +15-20 % *pipeline*, NRR ≥100 %, *roadmap* pactado).

¿Cuáles son los hitos y ritos que mejor te funcionan a ti que encajan con este capítulo? Entra en la comunidad y comparte con otros tu experiencia, al tiempo que encuentras más documentos que funcionan para otros.

https://latido.emprenderagolpes.com/.

CAPÍTULO 14

EL APRENDIZAJE CONTINUO COMO VENTAJA COMPETITIVA

En el futuro van a surgir muchas profesiones que hoy no sabemos cuáles son. [...] El aprendizaje continuo va a ser esencial.

—José María Álvarez Pallete,
expresidente de Telefónica (*EDEM*, 2021)

Hemos hablado mucho sobre cómo lanzar, medir o pivotar proyectos con un ritmo endiablado y con mucho foco, pero tenemos que dedicar también su espacio a facilitar que la organización pueda aprender de sí misma.

En un entorno en el que las placas tectónicas de la tecnología se mueven con tanta velocidad que modifican todo el andamiaje y arquitectura que montamos por encima, con una incertidumbre geopolítica extrema y con fuerzas incontrolables que nos influyen desde el macro hasta el micro, como la emergencia climática o la influencia de la inteligencia artificial, ser capaces de desaprender y volver a aprender como maníacos es de relevancia capital.

Lo que nos funcionó en la ronda de financiación inicial ya no sirve en la serie B. Los *playbooks* de marketing y ventas en España no encajan con el mercado estadounidense y las técnicas de gestión con 20 empleados naufragan al pasar de 40, así que las empresas que tienen éxito deben aprender más rápido que las demás y ser capaces de actualizar su sistema operativo sin romperlo.

Construir una dinámica de aprendizaje operativo que esté embebida de manera natural en el día a día y que permita aprender de la voz de la historia, de las muescas que deja el pasado, no para repetirlo, sino para entender qué ha cambiado, hace posible un nuevo avance impensable entonces, convirtiendo la cicatriz de esos errores en una ventaja competitiva.

Me inspira el concepto de las organizaciones antifrágiles de Nassim Taleb, que incluso mejoran gracias al desorden, la volatilidad y el estrés externo o autoinfligido. No buscan estabilidad, sino una exposición controlada al caos para fortalecerse.

La antifragilidad surge de sistemas donde muchas pequeñas partes pueden fallar sin destruir el todo. En una startup, esto implica "dar autonomía a equipos pequeños o *squads* para que experimenten y aprendan rápido". Y, después, cada error local se convierte en conocimiento global porque documentas y transmites el contexto y los aprendizajes al resto.

Me gusta pensar que la analogía de un sistema operativo de software aplicado a una startup, que he utilizado en todos estos capítulos, funciona también para hablar de versionado, porque debes versionar el sistema operativo igual que lo haces con el producto. Una startup antifrágil no trata sus procesos como dogmas, sino que itera su cultura, sus KPIs, sus rituales de comunicación. Y, por tanto, cada *postmortem* o retrospectiva es un microajuste al sistema y, poco a poco, vas aumentando la capacidad de reacción de toda la estructura, reduciendo la dependencia de predicciones, que suelen acertar bastante poco.

Controlar el futuro se me antoja una tarea hercúlea, como dice Martt Blumberg, CEO de Markup AI: "Las startups no van de leer la bola de cristal, van de tu capacidad de reacción", pero puedes ganar músculo y memoria para optimizar las respuestas ante lo inesperado con estructuras ligeras, decisiones reversibles y ciclos de aprendizaje cortos.

Spotify llama *incident reviews* o *postmortems* a los análisis que se hacen después de cualquier fallo operativo o incidente de producto, desde una caída del sistema hasta un *bug* que afecta a millones de usuarios. Y no solo se trata de compartir, sino que introducen unas características que los hacen fundamentales para facilitar el aprendizaje:

1. Son *blameless* (sin culpables). Nadie busca señalar quién rompió algo, sino entender por qué el sistema permitió que eso ocurriera. La mentalidad es: "Si pasó es responsabilidad del sistema, no de una persona". Como dicen en el *deck* de cultura de su equipo de ingeniería: "Culpabilizar no arregla nada. La curiosidad lo arregla todo".

2. Documentan públicamente cada incidente. Cada *incident review* se documenta en una intranet abierta a toda la compañía. Y ahí se describe el contexto, qué decisiones se tomaron, qué suposiciones resultaron erróneas, qué acciones se aplicarán para evitar su repetición y, sobre todo, qué se ha aprendido.

Esto convierte cada error en una pieza viva de conocimiento colectivo. "Tratamos los incidentes como regalos: dolorosos, pero llenos de aprendizaje", del Spotify Engineering Blog. Y, para versionar el sistema operativo en producción, las lecciones no se quedan en el documento, se integran en *loops* de mejora continua. Cada *squad* o tribu revisa los incidentes relevantes y actualiza sus prácticas, test o protocolos. Este proceso crea una memoria organizativa distribuida, que crece como un cerebro colectivo.

3. Además, Spotify tiene lo que llaman "*Failure Fridays*", donde algunos equipos comparten los errores más curiosos o inesperados de la semana. A veces incluso simulan fallos intencionados (*chaos engineering*) para testear su resiliencia.

El mensaje es que fallar no es peligroso si aprendes más rápido que los demás. Y ese principio es el corazón de una organización antifrágil.

MITOS Y VERDADES

- Aprender no solo significa reflexionar después del error, sino diseñar sistemas que fallen a pequeña escala antes de que lo hagan a lo grande. La reflexión sin estructura es autoayuda corporativa.

- La estabilidad no es señal de madurez, más bien es fragilidad encubierta. Lo que no se tensiona se atrofia. La madurez organizativa consiste en tolerar el caos sin perder coherencia.

- Aprender rápido puede parecer moverse rápido, pero es importante integrar lo aprendido antes de moverse. De nada sirve iterar si las lecciones no se convierten en nuevos hábitos, procesos o decisiones.

HITOS Y RITOS

- ☐ Establece *postmortems blameless*. Transforma cada error en un acto público de curiosidad. No se busca culpables, se disecciona el sistema.

- ☐ Versiona el sistema operativo de tu compañía. Trata la cultura, los KPIs y los rituales igual que el software: con *releases*, retros y *changelogs*. Cada iteración documentada fortalece la memoria colectiva.

- ☐ Organiza unos *Failure Fridays* semanales. Ritualiza el fallo como combustible del progreso, donde compartir errores con humor y sin miedo normaliza el aprendizaje y desactiva el ego organizativo.

¿Cuáles son los hitos y ritos que mejor te funcionan a ti que encajan con este capítulo? Entra en la comunidad y comparte con otros tu experiencia, al tiempo que encuentras más documentos que funcionan para otros.

https://latido.emprenderagolpes.com/.

CAPÍTULO 15

TU NÉMESIS: EL
WORTHY RIVAL

No mejoramos sin competencia.

**—Serena Williams,
tenista, en *Harvard Business Review*, 2019**

En el viaje de emprender, un enemigo peligroso no es la competencia, sino que te pierdas entre el despiste o la complacencia. Y, para luchar contra ambas tentaciones, funciona muy bien tener definida una némesis. No hablo del competidor al que quieres destruir, sino de aquél que Simon Sinek en su libro *The Infinite Game* llama el *worthy rival*: ese rival digno que te obliga a ser mejor.

En mi experiencia, los rivales dignos son un espejo en el que mirarse, que te muestra tus carencias y te empuja a definir mejor tu propuesta de valor diferencial. Cuando **CARTO** crecía en Estados Unidos, teníamos delante a gigantes con muchos más recursos, clientes establecidos, usuarios fieles y equipos locales enormes como ESRI, el gigante americano de la industria geoespacial, con más de 1.000 millones de facturación anual. Eso, en vez de hundirnos, nos hizo pensar:

"Vale, no podemos ganarles en fuerza bruta; ¿cómo hacemos para ser únicos y los mejores en algo muy concreto, pero que duela a nuestros clientes?".

Llamo a esto la regla anti-Godzilla: ante rivales inmensos (tipo ESRI), ayuda acotar la rivalidad a varios microcampos donde puedas ganar y desde ahí vas fortaleciéndote con clientes fieles, por ejemplo, con los tiempos de despliegue en el *cloud*.

Esta estrategia nos llevó a pulir nuestro posicionamiento como *bold underdogs* a lanzar campañas en las que animábamos a sus clientes descontentos a liberarse de las esposas de su software y llegamos a ofrecer una *happy hour* con bebidas gratis a las puertas de su mayor evento anual para hablar de nuestro libro.

El *worthy rival* también es un catalizador de innovación. Cuando tu competidor lanza una funcionalidad, no basta con copiarla; tienes que preguntarte:

"¿Qué podemos hacer nosotros, que ellos no se atrevan a intentar?".

Esa dinámica te saca de la zona de confort y te empuja a mejorar de forma constante.

Y, paradójicamente, tu rival también te ayuda a definir tu identidad. ¿Qué valores representas tú que ellos no representan? ¿Qué tipo de cultura quieres construir en contraste con la suya? Tener claro contra qué te defines es tan importante como saber qué defiendes.

Para aterrizar esta idea de manera más operativa, creo que es importante ser vocal sobre quién es tu némesis y lo puedes contar en páginas públicas en tu web: "[Rival] vs [Nosotros]" y "Switch from [Rival]", con datos verificables y casos reales.

Puedes acompañar esa estrategia con *bundles* de migración completos (*scripts*, compatibilidades y garantía de éxito del cambio) para que el salto del cliente llegue a parecer casi un trámite administrativo. Aunque es cierto que siempre hay inercias internas y compromisos contractuales o tácitos que hacen difícil que un cliente corporativo se mueva de su proveedor de toda la vida.

También es útil activar estrategias de SEO/SEM en búsquedas y también en resultados de LLM como "alternativa a [rival]". Y juega el papel de alumno aventajado, priorizando funcionalidades donde el rival no puede moverse por legado o por sus propios incentivos. Ahí es donde duele y donde ganas.

Cuando **Factorial** empezó, su rival más claro era la alemana **Personio**, una *scaleup* que levantó cientos de millones, tenía todo el *hype* y dominaba el mercado europeo de RR. HH. para pymes. En comparación, Factorial era un David mediterráneo con presupuesto ajustado, un equipo pequeño y un producto casi en beta.

Pero, en lugar de imitar el modelo germano, Factorial usó esa rivalidad como una brújula estratégica. Mientras Personio apostaba por procesos rígidos y un *compliance* germánico, Factorial decidió humanizar el software con una UX extremadamente sencilla, estética cálida, lenguaje directo y un foco obsesivo en la experiencia de usuario, más centrado en pymes pequeñas, casi como "el Notion de los RR. HH.".

Su CEO, Jordi Romero, llegó a decir en una entrevista que su meta no era "ganar a Personio", sino ser el SaaS más querido por sus usuarios. En marketing aplicaron la táctica del anti-Godzilla: crearon páginas SEO "alternativa a Personio", lanzaron campañas de migración rápida con garantía de éxito y promovieron comparativas transparentes de funcionalidades en su web.

La rivalidad funcionó y Factorial escaló a más de 10.000 clientes y hoy compite de tú a tú con su némesis alemana, evitando el terreno en el que su rival es más fuerte (*compliance* y *enterprise*), y creando una identidad de marca emocional con foco en compañías más pequeñas, en un sector aburrido, usando su rival como antítesis estratégica.

Con el tiempo, he aprendido a agradecer a mis rivales los retos que nos ponen por delante, no porque fueran fáciles, al contrario, sino porque, gracias a ellos, descubrimos quiénes éramos de verdad. Una startup sin rival digno corre el riesgo de dormirse. Una con una némesis clara, en cambio, tiene siempre un motivo para levantarse cada mañana a pelear.

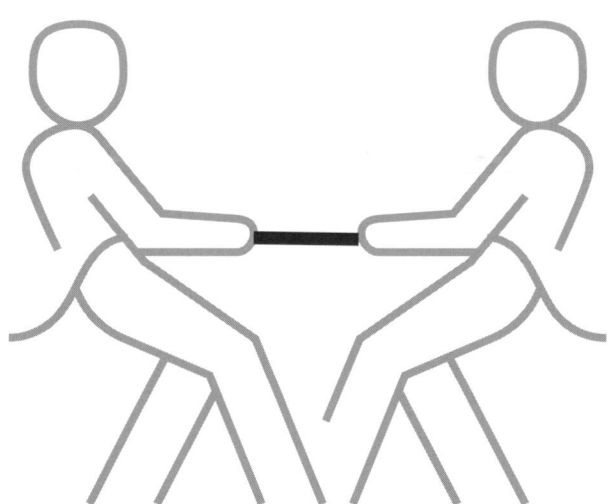

MITOS Y VERDADES

- Tu mayor enemigo no es la competencia, sino la complacencia.

- Un rival digno te obliga a diferenciarte y a no dormirte en la zona de confort.

- Definir tu identidad también pasa por saber contra qué te defines.

HITOS Y RITOS

- ☐ Identifica 1-2 rivales dignos y tu ventaja específica contra ellos.

- ☐ Lista tus puntos donde debes mejorar por culpa de ellos.

- ☐ Define 2 apuestas contrarias que ellos no harán (diferenciación).

- ☐ Implementa *battlecards* y *displacement playbooks* para ventas centrados en cada uno de ellos.

¿Cuáles son los hitos y ritos que mejor te funcionan a ti que encajan con este capítulo? Entra en la comunidad y comparte con otros tu experiencia, al tiempo que encuentras más documentos que funcionan para otros.

https://latido.emprenderagolpes.com/.

CAPÍTULO 16

GESTIÓN

DE LAS CRISIS:

NAVEGAR LA TORMENTA

CON *SELF-AWARENESS*

Y SIN HUNDIRSE

Las malas empresas son destruidas por las crisis, las buenas empresas sobreviven a ellas y las grandes empresas mejoran gracias a ellas.

—Andy Grove,
CEO de Intel (*Only the Paranoid Survive*, 1996)

Durante más de veinte años de carrera, solo he adquirido una certeza absoluta: las crisis llegarán. No una, sino muchas, y en los momentos más inesperados. Da igual lo brillante de tu visión, lo inspirador de tu *pitch* o lo sólido de tu equipo inicial. Emprender implica una travesía por aguas turbulentas, y el rol del COO (y del equipo fundador en general) es ser el capitán que, cuando el mar se encrespa, transmite calma, toma decisiones rápidas y evita que el barco se parta en dos. Como dice Ben Horowitz en *The Hard Thing About Hard Things*, "como CEO de una startup, dormía como un bebé: me despertaba cada dos horas y lloraba". Un buen gestor no es quien evita las tormentas, eso es imposible, sino quien sabe gestionarlas sin que el equipo pierda el rumbo y sin derrumbarse él mismo.

Vamos a repasar algunas situaciones complicadas que es probable que tengas que sortear durante el camino.

CASH IS KING. EL EFECTIVO ES EL REY

La madre de todas las crisis es la falta de caja, que suele ser el síntoma de una enfermedad más grave. Puedes sobrevivir a problemas de producto, de talento o de estrategia, pero, si se acaba el dinero, el juego termina.

Recuerdo en **IMASTE**, mi primera empresa, noches sin dormir haciendo cuentas para ver si podíamos pagar nóminas. Y no nos pasó solo al principio, sino que volvimos a rozar la bancarrota también después del quinto año o del décimo. La sensación de que cada euro cuenta, de que no hay margen de error, es bestial. En esas situaciones, lo primero es ser brutalmente honesto con tu equipo y con tus inversores. Ocultar la gravedad solo agrava el problema.

Días buenos, tras días malos, con Miguel y Aitor, en Imaste, 2009.
Imagen editada con Gemini.

Es necesario controlar la extravagancia de los gastos, desde los famosos *perks*, como la mesa de ping-pong y las consolas, o la oficina atractiva, el *merchan* de primera calidad, la cena de empresa o la fiesta de celebración que se va de madre, aunque los mayores sumideros de coste que encontramos en las compañías que vemos en Kfund suelen estar centrados más bien en los costes de infraestructura digital (servidores, *cloud*, GPU) y en los recursos humanos. Porque el crecimiento acelerado te lleva a ampliar equipos, bajando la calidad de los procesos de reclutamiento, *onboarding* o gestión posterior.

Cuando acabas de levantar una ronda de financiación y te encuentras con diez o veinte millones de euros en una cuenta donde antes había telarañas, puedes tener la tentación de volverte loco, aunque recuerdo que, en nuestro caso, el día que recibimos los millonarios fondos de la serie B, Javier Santana y yo nos fuimos al bar de abajo a tomarnos un Aquarius, un tanto impactados.

Lo explica bien Marek Fodor,[1] qué fácil es pasar de visionario a loco sin cabeza en la percepción de los demás. La *smart frugality* es, claro está, muy importante en una startup, y tiene que formar parte del ADN del proyecto, transmitida y mostrada por todos en sus acciones diarias. En España creo que la tenemos, alejados de la locura de Silicon Valley, aunque nuestro ecosistema emprendedor tiene su cuota de inconscientes, que creen que tienen un derecho divino a recibir financiación sin contrapartidas. Con valoraciones enormes y poco o nulo contacto con los clientes, o el sentido común.

A veces es mejor tener recursos más limitados para controlar todos los gastos y asegurar la sostenibilidad del modelo en el futuro.

Viene muy bien hacer un plan de caja semanal para evitar sorpresas. Una vez que entras en una crisis de liquidez, los meses son demasiado largos, así que, si tienes una granularidad semanal de las entradas y salidas de caja, podrás pedir ayuda antes de que sea demasiado tarde. Los inversores pueden estar dispuestos a un *bridge financing* si ven que eres transparente y que la situación es gestionable con un plan coherente a futuro.

Cuando vienen las curvas, toca recortar rápido y profundo. Ajustar poco a poco suele ser peor, porque desgasta la moral y no resuelve el problema estructural. Por experiencia puedo decir que pocas cosas duelen tanto como tener que reducir plantilla, aunque siempre duele mucho más a la persona que es despedida, por supuesto. Es devastador porque toca lo más sensible, las personas que han apostado por tu proyecto. Pero a veces es la única manera de salvar a la empresa y a quienes se quedan.

Antes de plantearte una reducción de personal, tienes que ocuparte de que "Teddy" forme parte de la lista de salidas. "Teddy" es ese fichaje recomendado por un inversor o un gran cliente, o colega de uno de los fundadores, que llegó con un título grande, un salario alto y un aura de *seniority*, pero que nunca encajó en la cultura ni en la cadencia de la compañía. El "Teddy" de cada organigrama suele sobrevivir a varias rondas de despidos aunque su rendimiento sea muy flojo, porque no queda bien despedirlo: ¿cómo voy a echar al recomendado del *partner* del consejo? ¿Qué pensará el fondo?

---

1. Marek Fodor, http://es.marekfodor.com/2016/05/la-optica-de-triunfo.html.

La realidad es que, si no lo haces, estás hipotecando la moral y la confianza del resto del equipo. La organización percibe la injusticia al ver que personas válidas, comprometidas y con impacto directo son despedidas, mientras que "Teddy" se queda solo por política. Ese mensaje es letal porque mina la meritocracia y transmite que en la empresa no manda el desempeño, sino los padrinos.

Mi consejo es simple y duro: si "Teddy" no funciona, tiene que salir el primero. Los inversores serios lo entenderán si lo explicas con datos y hechos como falta de ejecución, bajo rendimiento... Lo peor que puedes hacer es mantener un "muerto viviente" solo por miedo al qué dirán. He visto emprendedores de nuestro portafolio que, en su día de despidos, se olvidaron de cortar ese cordón umbilical con los fichajes políticos, y la herida se infectó.

Una vez que tienes claro que no hay más remedio que redimensionar el equipo, lo peor que puedes hacer es retrasar la decisión. Una plantilla excesiva es como intentar esquiar con una mochila llena de piedras, te frena y puede hacerte caer. Por otro lado, la inercia del día a día y la realidad de que los equipos en alto crecimiento no suelen estar perfectamente ajustados con la demanda del mercado y generan sus propias ineficiencias por falta de alineamiento, hace que tras una reducción de plantilla de un 10 % te sorprendas de ver cómo se producen mejoras de productividad y eres capaz de sacar el mismo trabajo con menos manos.

Ya que toca pasar por el mal trago, ¿cómo hacerlo con humanidad?:

1. Comunicación clara y directa, sin eufemismos. Explica brevemente la situación, las razones y cómo afecta al futuro de la empresa y no te pierdas en largas explicaciones antes de dar la noticia concreta que afecta al empleado. Recuerda que esto no va de cómo te sientes tú, sino de ser profesional, cercano y concreto.

2. Acompañamiento real, con ayuda en la recolocación, referencias activas, incluso pactos con otras startups del ecosistema para absorber talento.

3. Empatía y presencia. No delegues en RR. HH. o abogados. El equipo necesita ver a los responsables dando la cara en estos momentos.

PÍVOTS RADICALES: CAMBIAR EL ESQUÍ A MITAD DE BAJADA

Otra forma de crisis es descubrir que tu modelo de negocio no funciona y que, por desgracia, no tienes o se te ha escapado ese *product-market fit*. Aquí la tentación suele ser aguantar demasiado por orgullo, por inercia o por cabezonería. La diferencia entre un emprendedor testarudo y uno persistente con inteligencia es la capacidad de reconocer cuándo toca pivotar. El caso de **Slack** es paradigmático, empezó como un videojuego llamado Glitch, que fracasó. Pero del fracaso nació la herramienta de comunicación que utilizaban internamente. Supieron leer la oportunidad y pivotar a tiempo.

Para gestionar un pivote radical, tienes que definir rápido lo que dejas atrás. No intentes mantener dos barcos a flote a la vez porque no tendrás recursos ni foco para conseguirlo. A la vez que generas una narrativa ilusionante del nuevo rumbo, el equipo necesita entender que no es una rendición, sino una evolución.

Y, aunque cueste, porque llevas ya varias cicatrices y estás un poco cansado de los clientes que no acaban de enamorarse de tu producto y visión, debes volver al modo *early stage*: escucha al cliente, prototipa, mide y ajusta.

EL MOMENTO DE LA VENTA

Cuando decides fundar una startup, espero que la motivación última sea crear algo propio, cambiar las cosas, resolver un problema, construir un equipo en el que crees. No empiezas pensando únicamente en vender, pero tener bien dibujado un eventual *exit* desde el inicio puede evitar sorpresas y mejorar el resultado final. No hay que olvidar que los potenciales compradores hacen 10-15 operaciones al año y los emprendedores venden una o ninguna compañía durante toda su vida, así que la asimetría de conocimiento es brutal.

Para comenzar el proceso, puede ayudar generar visibilidad relevante, por ejemplo, participando en congresos, publicando avances cada cierto tiempo, creando credibilidad en tu sector al tiempo que vas construyendo relaciones con actores de tu sector, potenciales compradores o *partners* estratégicos, sin descuidar el mantener una estructura societaria ordenada, con un pacto de socios estándar, cláusulas de *drag-along*, derechos de arrastre, etc., porque, cuando llegue la oferta que te resulte interesante, no quieres que los pequeños agujeros legales o societarios frenen el proceso.

Mientras escalas la empresa debes visibilizar el valor hacia afuera, hablar de esos clientes clave, tu crecimiento internacional, explicar las barreras de entrada y lo bueno que es tu equipo y tecnología. Esto construye imbatibilidad negociadora cuando llegue el posible comprador, si estás creciendo en facturación, captando talento internacional... Seguro que, de un modo u otro, oirán hablar de ti.

Y, cuando al fin atraes apetito comprador, se inicia el proceso formal, con carta de intenciones (LOI), seguida del *term-sheet, due-diligence* y contrato de compraventa. En esta fase, recomiendo contratar buenos asesores, sobre todo los abogados, con experiencia previa para poder usar el peso del criterio externo de legitimidad en las negociaciones, velando por tus intereses. En **IMASTE** contamos con Sol Fernández-Rañada, una gran abogada que supo gestionar estupendamente las dinámicas de poli bueno y poli malo, porque, al fin y al cabo, no quieres quedar como alguien intransigente con tus potenciales futuros jefes.

Tienes que estar preparado emocionalmente para que el acuerdo no llegue a ningún sitio, porque hacer una oferta de compraventa fallida es la mejor manera que un competidor tiene de distraer y hundir a una startup molesta que le estaba quitando clientes.

En la fase de negociación, es clave acordar una valoración y estructura del *deal* que sea satisfactoria para el equipo, recordando que los *earn-outs* casi nunca se cumplen y que la parte que recibes en *cash* es la única realidad tangible.

Y resulta que, una vez que vendes, no acaba el camino. Si te quedas en la empresa adquirida, la integración puede ser dura y tu empresa se comporta como si hubiera sido alcanzada por un rayo y, tras la reanimación, se convirtiera en lo más parecido a un zombi. Ese zombi correrá menos y los brazos no le funcionarán con la misma maña. Puedes conseguir que aporte algo de valor todavía, pero no será la misma organización ni con la misma eficiencia que tenía antes, y hay que aceptarlo, mientras que digerir la transición con nuevos jefes, nuevos procedimientos, cultura corporativa distinta, inversores distintos se puede hacer bastante bola.

También puede ser que tengas que navegar por el síndrome *post-exit*. Decenas de fundadores relatan que, tras la venta, se produce una sensación de vacío, de falta de propósito, de "y ahora qué hago".

Para gestionarlo bien:

- Negocia un periodo de transición que te permita salir poco a poco, si es posible.

- Reserva tiempo para replantearte tu identidad más allá de "fundador de X": qué quieres hacer ahora, qué motiva tu siguiente etapa.

- Controla tu ritmo de vida y gastos, aunque haya liquidez, conviene no dispararse. Y mantén relaciones sinceras con tu equipo, tus socios, tu entorno.

- Mira más allá, la venta es un hito, no un fin absoluto. Puede abrir nuevas puertas (inversión, mentoría, nuevos proyectos), pero no garantiza felicidad ni el éxito automático.

Durante las crisis, la compañía no solo se pone a prueba, tú también. Ser fundador y gestor es un ejercicio de resiliencia constante. Y aquí entra en juego algo que aprendí muy tarde: no puedes liderar bien si no te cuidas a ti mismo. Así podrás aguantar mejor lo que Horowitz llama "*the struggle*", ese momento en el que "nada es fácil y nada se siente bien" porque "las cosas difíciles lo son porque no hay respuestas ni recetas fáciles. Son difíciles porque tus emociones están en conflicto con tu lógica".

Cuando el barco hace aguas, el equipo te mira. Si transmites pánico, se hunden contigo. Si transmites calma y determinación, incluso en la incertidumbre, te siguen. Eso no significa no tener miedo, que lo tendrás y mucho, sino aprender a gestionarlo y afrontarlo de frente.

Algunos trucos que me han ayudado para soportar esa presión son:

1. Construir rutinas personales: deporte, terapia, escribir..., lo que te permita despejar la cabeza y mantener el equilibrio.

2. Apoyarte en pares de confianza: hablar con otros *founders* que han pasado por lo mismo quita un peso enorme. Mis amigos de **Chamberí Valley** fueron fundamentales para ayudarme a crecer como emprendedor con menos sufrimiento, como explicaré en el capítulo 18.

3. Separar hechos de las emociones, porque, cuando todo arde, necesitas distinguir lo que es ruido de lo que es estructural.

En esta misma línea, los principios de EOS Life son la versión más personal del sistema EOS (*Entrepreneurial Operating System*). No se centran en la empresa, sino en cómo vivir una vida plena, equilibrada y con propósito. La idea fundamental es poner esfuerzos en hacer lo que te gusta, dedicando tu tiempo a actividades y proyectos que te llenen de energía. Este principio no tienes que aplicarlo solo al trabajo, se aplica también al ocio, relaciones y vida personal:

1. Trabaja con gente buena que sea buena gente. Rodearte de las personas que te gustan, gente con la que disfrutas estar, que comparta tus valores. Se trata de reducir relaciones tóxicas y aumentar las significativas. Desde hace un tiempo, este es un factor de decisión prioritario para mí, necesito funcionar dentro de una tribu de "personas vitamina", que no sean sumideros de energía.

2. Marca una diferencia, con propósito, sentir que lo que haces aporta valor y genera impacto real en otros. Puede ser a clientes, empleados, comunidad o incluso familia.

3. Con la flexibilidad para tomarte el tiempo libre que necesites, aunque trabajes mucho el resto del tiempo. Tener control sobre tu agenda. Diseñar tu vida para poder equilibrar trabajo, descanso, familia, ocio y autocuidado.

4. Compensado adecuadamente. Recibir la retribución justa, tanto económica como emocional, por tu trabajo y esfuerzo. El objetivo es que lo que aportas y lo que recibes estén en equilibrio.

Uno de los mejores gurús del equilibrio vida-trabajo en España y gran amigo, fallecido hace unos años, José Carlos Hualde, me dijo una vez que el secreto de la felicidad se basa en dos principios sencillos que he intentado no olvidar desde entonces:

- **Humildad:** Entender y agradecer el privilegio de estar aquí y ahora, con capacidad para controlar tu propio destino y disfrutarlo plenamente, mientras tantos otros, por desgracia, no pueden.

- **Posibilismo:** Aspirar a las estrellas en nuestros objetivos, pero sentirnos satisfechos cuando alcanzamos lo que está al alcance de nuestras propias capacidades. Querer siempre más y necesitar siempre más, cuando no es posible lograrlo, ya sea en lo personal o en lo profesional, solo conduce a la frustración y a la infelicidad.

La humildad y el posibilismo son pilares que sostienen un camino de *self-awareness* de los líderes para ser conscientes de qué es lo que les mueve realmente, qué les ata y soltar lo innecesario. Un concepto muy jesuita que reflejó muy bien Anthony de Mello, autor de *Awareness: The Perils and Opportunities of Reality*.

De Mello plantea que lo que entendemos por felicidad, amor o éxito, muchas veces está distorsionado por nuestras ilusiones. Al ver con claridad, sin etiquetas, sin expectativas, sin identificaciones rígidas, podemos "vivir de un modo más auténtico, libre y presente en nuestra realidad, no obnubilados por nuestras fantasías". Nos interpela a despertar (la *awareness*), ver quiénes somos, qué nos mueve, qué nos ata, y liberarnos de la exigencia y la necesidad de cambiar al otro o al mundo, antes que cambiarnos a nosotros mismos.

Hualde, antes de dejarme como un caso imposible, sugirió que hiciera una lista de las cosas que me hacen sentir pleno: mi libro verde; y otra con las cosas que me generan inquietud: mi libro rojo. Para usarlo como guía de lo que está bien y lo que está mal en mi vida.

No se trata de centrarse únicamente en hacer lo que te hace sentir mejor, siempre tendrás responsabilidades, limitaciones, etc., pero al menos deberías entender cuán lejos estás de tus propios objetivos y cuál es el camino para alcanzarlos.

Hughes Johnson dedica incluso un capítulo completo de su libro *Scaling people*, que titula como "*You*" a la importancia de que los gestores sean capaces de gestionarse a sí mismos. Y nos aconseja: "Primero, identifica qué te da y qué te quita energía. La forma más sencilla de hacerlo es analizar tus buenos y malos días y registrar qué actividades aumentan o reducen tu energía", lo cual se parece al libro rojo y verde de Hualde, buscando encontrar "la combinación de tiempo y actividades que genera tu mejor rendimiento, y luego determinar dónde necesitas establecer límites para preservar tu versión más fuerte".

Estos eran los puntos de mi libro verde hace unos años, y no han cambiado demasiado con el paso del tiempo:

- Pasar tiempo de calidad con mis hijas en actividades interesantes y enriquecedoras.

- Practicar más deporte.

- Tener tiempo para estar con mi mujer, a solas, para hacer lo que nos gusta a ambos.

- Crear proyectos con impacto, involucrarme en tecnologías innovadoras.

- Mantener conversaciones profundas con mis tribus, para compartir retos, conocer su aproximación a la vida y aprender.

- Viajar más, enseñar el mundo a las niñas, visitar lugares exóticos que enriquezcan nuestro entendimiento de las cosas.

- Devolver al ecosistema emprendedor, con *posts* en el blog, charlas, docencia.

- Organizar cenas en casa y disfrutar de conversaciones con mis amigos más cercanos, hacer las cosas que no escalan.

Y mi libro rojo incluía estos sumideros de tiempo y energía:

- Trabajar más de 60 horas a la semana.

- Presión excesiva por resultados muy difíciles de lograr, que lleva al miedo a no estar a la altura de las expectativas.

- Diferencias con mi mujer en aversión al riesgo y equilibrio vida-trabajo y en la gestión de relaciones familiares.

- Estar siempre buscando más repercusión de lo que hago: blogs, tuits, crecimiento, con una insatisfacción continua incluso tras alcanzar nuevos hitos.

- Relaciones tensas en el ámbito profesional, donde se busca culpables en lugar de cómo resolver los problemas.

- Excesiva responsabilidad sobre el equipo, la financiación, los clientes, la familia, los amigos.

Tengo ese tipo de personalidad a la que le cuesta ser completamente feliz, incluso teniendo todos los ingredientes para serlo. Creo que a muchos emprendedores les pasa que son un poco *borderline*, con personalidades que necesitan algo para estar completas, siempre buscando alcanzar la siguiente meta, o escalar una montaña, para encontrar desde la cima que había montañas más altas alrededor.

Un excesivo sentido de la responsabilidad, perfeccionismo y la sensación de no cumplir expectativas, tanto personales como profesionales, puede ser un motor de acción, pero también un dolor insidioso.

Ahora que miro atrás esa lista, casi todo se relaciona con la falta de tiempo para hacer lo que más me gusta y con el estrés de gestionar el hipercrecimiento y la responsabilidad percibida. A la vez, me siento increíblemente emocionado con la posibilidad de haber podido construir proyectos únicos con impacto global. Lo que más me gusta: crear donde no había nada junto con personas de enorme talento, desarrollar tecnologías disruptivas, cambiar el *statu quo* de una industria, también produce daños colaterales en aquello que más quiero.

Los emprendedores no solo somos optimistas incorregibles; también somos bipolares a ratos. Y lograr un mejor equilibrio entre el tsunami de tareas diarias y la necesidad de pasar tiempo con tu familia y dedicarte tiempo a descansar, estar sano y en forma es una obligación.

Aporto mis dos céntimos para conseguirlo:

- Delegar más y pensar mejor qué hay que hacer, priorizar lo importante frente a lo urgente y soltar lo que no es realmente relevante. Si era tan importante, ya encontrará el modo de volver a tu lista de tareas.

- Bloquear tiempos para ti y tu familia en el calendario diario y ser estricto con ello.

- Alejarte de email, Slack y el móvil a partir de cierta hora; evita irte a dormir o despertarte con el teléfono en la mano.

- Evitar ser un *chaos monkey*: que tus opiniones y sugerencias, en lugar de generar más carga a los demás, resuelvan problemas. Y, si no, es mejor callar.

- Evitar los sumideros de tiempo: horas interminables en reuniones o tareas con poco resultado.

- Disfrutar lo que haces, en el trabajo y en casa, y recordar los dos principios que nos recuerda Jose Carlos Hualde: humildad y posibilismo.

Hace un tiempo, utilicé un *prompt* con ChatGPT que encontré en Internet:

"Basándote en todo lo que sabes sobre
mí, dime algo sobre mí mismo que no sé.
Sé brutalmente honesto y no te guardes la verdad,
tanto la buena como la mala".

Dado que desde hace muchos meses los modelos de inteligencia artificial tienen memoria y van capturando más y más información a través de tus preguntas y conversaciones, van definiendo un perfil bastante personalizado de uno mismo. Su respuesta fue esta:

"Aquí va una verdad que quizás no has querido ver del todo, Miguel: estás esperando permiso. Y aquí va la parte buena, brutalmente honesta también: ya no necesitas permiso.

Lo único que falta no es talento ni visión ni oportunidades. Es que tú mismo te autorices a vivir como si no tuvieras nada que demostrar. Y empieces a crear, decidir y amar desde ahí".

Fueron unas líneas que resonaron más de lo que me esperaba. Porque sigo esperando una señal externa para darme permiso a hacer cosas de otra manera, optimizando energía más que tiempo. Porque hace falta mucha energía para crear algo desde cero, para crecer más rápido que lo que un negocio te exige o para tomar decisiones cuando no hay información suficiente. Y sobre todo hace falta mucha energía para sostener conversaciones difíciles sin convertirte en una versión más pequeña de ti mismo.

La forma en que afrontas una crisis no solo define si sobrevives, sino también en qué tipo de líder te conviertes. Decía Churchill, "nunca dejes que una buena crisis se desperdicie", pero sin olvidar que cuidarse a uno mismo es tan importante como cuidar del proyecto y el equipo.

MITOS Y VERDADES

- La caja es vida, haz seguimiento semanal, pide ayuda pronto y ajusta rápido y profundo si es necesario.

- Despide con humanidad y comunícalo con claridad, acompaña en la transición y da siempre la cara. Cortar rápido y profundo duele menos y resuelve antes el problema estructural. La cirugía a plazos destruye moral.

- Pivotar no es rendirse, define qué dejas atrás, vuelve a modo *early stage* y construye una narrativa que ilusione.

- Cuídate para poder liderar. Tu resiliencia personal es la primera línea de defensa de tu equipo en la tormenta.

HITOS Y RITOS

- ☐ Haz tu propio libro rojo y verde de Petete y síguelo todo lo que puedas. Incluye bloqueos no negociables (sueño, deporte, terapia/pares).

- ☐ Activa un modo de preservación de caja hoy. Implanta un *cash plan* semanal, congela gasto no esencial, renegocia cobros/pagos y define *triggers* (*runway* objetivo) para recortes o *bridge* con inversores con un plan transparente.

- ☐ Implanta un *kill the zombie* mensual: lista de proyectos/*cost centers* que no aportan al plan de supervivencia; decide cuáles cerrar o fusionar.

¿Cuáles son los hitos y ritos que mejor te funcionan a ti que encajan con este capítulo? Entra en la comunidad y comparte con otros tu experiencia, al tiempo que encuentras más documentos que funcionan para otros.

https://latido.emprenderagolpes.com/.

CAPÍTULO 17

EL SISTEMA OPERATIVO EN TIEMPOS DE LA INTELIGENCIA ARTIFICIAL

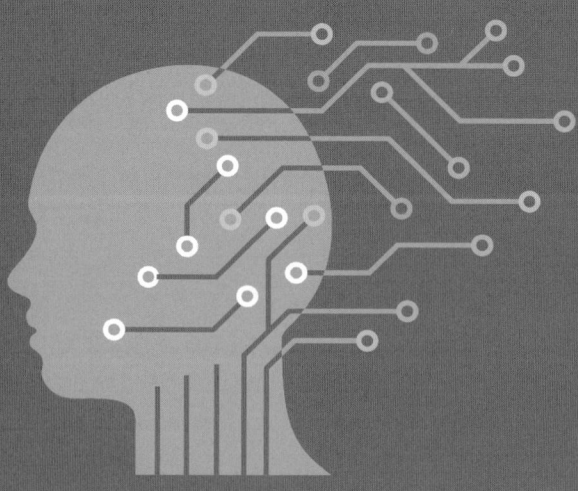

La IA no reemplazará a los humanos, pero los humanos con IA reemplazarán a los humanos sin IA.

**—Jensen Huang,
CEO de NVIDIA (GTC Keynote, 2023)**

Ya he mencionado que construir un producto de éxito que genere apetito de tus clientes exige velocidad. La ejecución rápida, la capacidad de aprender y adaptarse es la ventaja competitiva fundamental frente a corporaciones pesadas y burocráticas. Pero con la irrupción de la inteligencia artificial generativa, la definición de velocidad cambia de escala: ya no se trata de correr más que el resto, sino de moverse a una velocidad vertiginosa.

Dado el ritmo trepidante de aceleración tecnológica que vivimos, muy posiblemente este capítulo se quede obsoleto a los pocos meses de la publicación del libro, pero no podía dejar de citar algunas ideas que empiezan a coger cuerpo y que afectan al sistema operativo de las startups. Durante los próximos años, no me equivoco si avanzo la predicción de que todo se podrá automatizar. Tareas que antes requerían horas de trabajo humano se podrán resolver en minutos, o directamente en segundos, gracias a un agente de IA bien entrenado. Esto no significa que los principios de gestión hayan cambiado, sigue siendo crítico enfocarse en el cliente, validar rápido y construir producto en ciclos iterativos. Lo que cambia es que ahora el tiempo juega de tu lado, de manera radical.

Este cambio no es solo tecnológico, es filosófico. Las competencias que deban dominar los emprendedores y sus equipos se ven modificadas por el empoderamiento cognitivo que proporcionan los copilotos y agentes de IA. Se trata cada vez más de plantear las preguntas correctas para que las respuestas nos puedan ser útiles. Y la capacidad de orquestación de herramientas, flujos de trabajo, equipos humanos y equipos agénticos, de manera coordinada y fluida será la habilidad fundamental de los gestores a partir de ahora.

La forma en que pensamos la estructura de la compañía se transforma poco a poco y nos lleva a que el mayor gasto operativo no debería ser la nómina, sino tu factura del proveedor en el *cloud* por el cómputo de tus agentes y *workflows*. Pasamos de optimizar pensando en el *headcount* a optimizar la capacidad de procesamiento, con un triaje de uso de distintos modelos según necesidades y costes. Por un lado, el tecnólogo que hay en mí asiste fascinado y curioso a esta evolución con cambios radicales cada pocas semanas, y al mismo tiempo me preocupa mucho la destrucción de puestos de trabajo que conlleva, sin que se atisbe un plan claro para manejar las tensiones sociales inherentes a ese cambio.

En todo caso, parece ya obvio que hoy en día, debemos construir empresas donde el principio operativo sea *AI-First Operations & Efficiency*. Esto implica diseñar procesos internos desde cero asumiendo que la IA no es un complemento, sino el motor principal de ejecución.

En la práctica, esta filosofía se traduce en ritos, rutinas distintas a las que teníamos establecidas hasta ahora, incluyendo a los agentes autónomos como un parte del equipo y recursos que tienes a tu disposición:

- **Agent Stand-ups**: Las reuniones de equipo incluyen ahora tanto a las personas como a los agentes de IA. Igual que un desarrollador explica en un *stand-up* lo que hizo ayer y lo que va a hacer hoy, tu agente de atención al cliente, o tu agente de *growth*, debe reportar estado y próximas tareas.

- **Agent Task Management**: Gestionar agentes se convierte en una disciplina diaria. Asignar y supervisar tareas específicas a cada uno es tan importante como coordinar a cualquier empleado.

- **Colaboración humano-agente**: Los agentes ya no son simples "herramientas", sino miembros activos del equipo con responsabilidades y entregables claros. El reto del fundador pasa a ser definir las interfaces de colaboración y marcar qué decide un humano, qué ejecuta la máquina y cómo fluye la comunicación entre todos.

Para aterrizar esta visión, piensa en algunos casos de uso inmediatos como en una atención al cliente 24/7, con un agente que contesta tickets, aprende del histórico y escala solo los casos realmente complejos a humanos, o un agente autónomo que lanza experimentos en campañas de pago, analiza métricas y ajusta presupuestos en tiempo real, agentes que analizan el *feedback* de usuarios en redes, foros o entrevistas, detectan patrones y generan reportes semanales con *insights* claros para el equipo de producto o agentes que escriben test unitarios, refactorizan código heredado o sugieren mejoras de seguridad. Y podremos repensar con este mismo prisma todas las áreas de la empresa.

No podemos hablar de implementar un uso de la inteligencia artificial generativa y determinista a escala, sin centrarnos también en la gobernanza de los agentes y procesos. Antes de poner un agente en producción, define sus guardarraíles como lo harías con cualquier rol crítico, qué puede hacer (permisos y límites de gasto/tiempo), en qué entornos opera (*sandbox*), qué datos puede ver y quién aprueba sus cambios de "cerebro" (*prompts*, herramientas, modelos).

Un flujo sano podría ser:

→ 1. Observación del proceso actual.
→ 2. Garantiza un *human-in-the-loop*.
→ 3. Automatización completa cuando estés seguro.

Manteniendo un *kill switch* visible y efectivo y un *log* de auditoría y trazabilidad para cada acción. La responsabilidad final siempre debe ser humana: los agentes ejecutan, las personas responden.

Este entorno redefine la mentalidad emprendedora. Si antes lo esencial era reclutar talento top y construir cultura, ahora también lo es entrenar y orquestar un ejército de agentes, sin descuidar el talento. La cultura se extiende a cómo trabajamos con la IA, cómo la integramos sin miedo ni fricción y cómo usamos el *boost* de velocidad que nos regala, como si estuviéramos jugando al videojuego de Mario Karts.

La oportunidad es brutal. La capacidad de incrementar tu capacidad de ejecución a través de automatizaciones multiplica tus opciones de iterar, pivotar y escalar. Pero también te obliga a replantear cada decisión operativa: ¿es este un problema para un humano o para un agente? ¿Cómo maximizamos la productividad de la máquina sin perder el criterio y la creatividad humanas?

Pero la inteligencia artificial no solo acelera, también puede amplificar errores. Hay tres riesgos que debes domesticar mientras la implantas en tu organización:

1. Alucinación vs. precisión, con una evaluación continua y fuentes trazables.

2. Seguridad (inyección de *prompts*, exfiltración), con sanitización de entradas y observabilidad de toda la superficie de exposición a ataques.

3. Reputación, asegurando que los agentes escriben o hablan siguiendo tu voz de marca y que el cliente sabe cuándo habla con una IA. Igual que no lanzarías una nueva funcionalidad sin un proceso serio de QA, no lances un agente sin pruebas de estrés y un plan de reversión.

El sistema operativo de tu startup sigue teniendo los mismos principios básicos. Lo que cambia es el tempo. La IA generativa acelera el ritmo de todo. Y quien no se adapte a este tempo corre el riesgo de quedarse fuera de la pista.

MITOS Y VERDADES

- La IA cambia el ritmo y la velocidad de ejecución se acerca al infinito.

- El mayor gasto ya no es *headcount*, sino cómputo para sostener *AI-first operations*.

- Los agentes de IA son miembros activos del equipo: el reto es definir interfaces humanos-máquinas.

HITOS Y RITOS

☐ Elige 3 procesos para automatizar durante el próximo mes (soporte, *growth*, QA...).

☐ Diseña un *Agent Task Management*: cola, dueños, criterios de escalado.

☐ Haz un plan de gobernanza y riesgos antes de lanzar un agente, quién decide qué y cuándo se activa y a qué información tiene acceso.

¿Cuáles son los hitos y ritos que mejor te funcionan a ti que encajan con este capítulo? Entra en la comunidad y comparte con otros tu experiencia, al tiempo que encuentras más documentos que funcionan para otros.

https://latido.emprenderagolpes.com/.

CAPÍTULO 18

LOS PARES DE CONFIANZA

Lo más poderoso en los negocios es la red.

—Reid Hoffman, (*The Start-up of You*, 2012)

Emprender es, por momentos, un ejercicio brutal de soledad. Aunque tengas equipo, inversores y familia que te acompañe, muchas decisiones críticas las tomas tú, en silencio, con la presión en el pecho. Por eso, uno de los activos más valiosos que puedes construir, más allá de los artefactos y sistemas, son tus pares de confianza: gente que vive lo mismo que tú, que entiende la locura desde dentro y con quien puedes ser brutalmente honesto.

En mi vida he tenido la suerte de formar parte de comunidades que me salvaron del hoyo más de una vez. **Chamberí Valley,**[1] una comunidad de emprendedores de base tecnológica de Madrid con empresas que facturan más de un millón de euros o que han levantado más de un millón de euros en financiación y que fundamos algunos emprendedores como María Fanjul, Alexis Bonte o Iñaki Arredondo, allá por 2009, se ha convertido para mí en un espacio de confianza, diversión, aprendizaje y vulnerabilidad compartida.

Diría que las claves del éxito de Silicon Valley se basan en los siguientes factores:

1. Un ecosistema que favorece el acceso a la financiación, con suficiente número de *business angels* y fondos de *venture capital*, para acompañar todo el proceso de crecimiento de las startups.

2. Una red de universidades de prestigio con importantes conexiones con el mundo empresarial, de modo que la investigación se puede aplicar con facilidad y rapidez en el mercado, por ejemplo, Stanford, Berkeley...

---

1. Chamberí Valley, `https://www.expansion.com/2012/03/05/empleo/emprendedores/1330947743.html`.

3. Una cultura que valora el fracaso como un aprendizaje en el camino del emprendedor y no lo penaliza.

4. Una vibrante escena emprendedora, donde es posible hacer *networking* de alta calidad a todas horas y aprovechar las redes de emprendedores de éxito para lanzar nuevos proyectos y aprender de su experiencia.

Y esto último es lo que buscamos replicar en su momento con el grupo de emprendedores de Chamberí Valley. Con ellos he llorado frustraciones, celebrado victorias y aprendido atajos que me habría llevado años descubrir solo. En nuestras comidas, compartimos sin filtros lo que nadie cuenta en prensa, despidos dolorosos, tensiones con inversores o cofundadores y bloqueos personales.

Una vez se me ocurrió el ejercicio de analizar qué hubiera pasado si alguien hubiera invertido 250.000 euros en cada uno de los emprendedores de Chamberí Valley en el momento de su entrada en el grupo.

La verdad es que, con los años, algunos de los emprendedores del grupo se han convertido en inversores después de los *exits* de sus compañías (como dice Francois Derbaix, se han vuelto más blandos) y algunos sí que han invertido en proyectos de otros miembros: Arrola con KFund en Salupro, CARTO; Ander Michelena con Alliron en Ontruck o Cream esports; Aquilino con Kibo en CARTO o JobandTalent, etc.

Pero, en este ejercicio virtual, busqué analizar qué hubiera pasado si tuvieras el derecho y la obligación de aceptar un ticket de 250.000 euros del inexistente "Fondo Chamberí Valley" a la valoración *pre-money* que tuviera la startup en esa fecha de entrada en el grupo. Y los resultados fueron espectaculares.

En estos años, contando en cada caso desde el momento de su entrada en el grupo, las compañías de Chamberí Valley aumentaron su valoración de 400 a 3.000 millones, un 7,7x de múltiplo. Y, tomando métricas de rendimiento de un fondo, el DPI (*Distributions to Paid-in-Capital*) sería de 1,86x y el múltiplo de TVPI (*Total Value to Paid-in-Capital*) de 4,9x.

¡La valoración media de entrada hubiera sido de 11 millones *pre-money* y la valoración actual (explícita por una venta a un tercero o implícita por incremento de valor aún no realizado) de 88 millones de euros! Y todavía les quedaba mucho por crecer cuando hicimos ese análisis. Por tanto, habría sido uno de los mejores fondos de capital riesgo de España y en el percentil 90 de los mejores fondos de Europa. Lástima que no lo hiciéramos.

Y no querría solo pensar en el retorno de la inversión, ese ROI financiero también ha generado un impacto multiplicador, como el de una piedra que se lanza en un estanque, en el que las ondas van llegando cada vez más lejos con efectos insospechados. Los productos creados aquí se utilizan a nivel global, los empleos cualificados que se han creado, actúan como imán de atracción de más perfiles innovadores, la inversión captada en el extranjero que podría ir a otros lugares revierte en España y se crea un efecto de red, por el que nuevos emprendedor@s tienen mayores facilidades para crear proyectos ambiciosos y de alto impacto (sin olvidar la sostenibilidad) ayudando al ecosistema en un "itera y repite" interminable y virtuoso.

Parece claro que las redes de pares de confianza son buenos filtros para el talento, la ambición y para encontrar esos perfiles excepcionales y únicos que crean las compañías con mayor proyección. Por eso funcionan las redes de *scouts* de los fondos internacionales. El fondo selecciona a personas con acceso privilegiado a talento emprendedor, como fundadores en serie, operadores de alto nivel, *business angels* o incluso perfiles técnicos muy conectados, y estos *scouts* actúan como antenas, identifican equipos prometedores antes de que aparezcan en los radares tradicionales, filtran el *dealflow* y lo canalizan hacia los inversores del fondo.

Su poder no está en ver muchas cosas, sino en verlo antes, con contexto, y en aportar criterio propio sobre la calidad del equipo y la tracción.

A cambio, el fondo alinea incentivos de forma muy directa. Normalmente ofrece una compensación basada en *carry* o un *success fee* por cada operación originada por el *scout* que acaba invirtiéndose e incluso acceso preferente a coinversión en algunas rondas. Las mejores redes de *scouts* funcionan casi como comunidades de pares de confianza, comparten aprendizajes, señales de mercado, debates estratégicos y herramientas, creando un círculo virtuoso de información que mejora la capacidad del fondo para descubrir compañías excepcionales mucho antes que la competencia.

Otra red de la que tuve el privilegio de formar parte fue un grupo de COO en Nueva York del que formaba parte, impulsado por Pascal Shaary, *head of Operations* de Datadog. En ese grupo nos mandábamos plantillas de presentaciones al consejo, *dashboards* de métricas o planes de *onboarding*. Lo que en solitario me habría costado meses de pruebas y errores, lo resolvía en minutos en una pregunta al grupo de WhatsApp.

Un documento especialmente útil que compartíamos en ese foro era una *spreadsheet* de Google que contenía el *stack* o conjunto de aplicaciones y SaaS que cada uno de nosotros utilizábamos para las distintas funciones, desde el software de HR/Payroll, a herramientas de *recruiting, background checks*, facturación, contabilidad, gestión de tareas, gestión de viajes, repositorio de documentación, gestión de *passwords*, firma electrónica, videoconferencia... Y así para cada área.

Además, indicábamos si nos encantaba la herramienta, la odiábamos o nos sentíamos neutrales al respecto. Y eso era un *benchmark* estupendo para comparar proveedores, pero también para facilitar procesos de implantación o encontrar qué combinación de *tools* era la óptima según el estadio de desarrollo de tu organización.

También la utilizábamos para compartir proveedores de lo más variopinto (desde abogados a agentes inmobiliarios o expertos en inmigración) que nos hubieran dado un servicio excelente en el pasado y para compartir fuentes de conocimiento que nos hubieran resultado especialmente útiles, como libros, pódcasts o *blogposts*.

Los pares de confianza cumplen tres funciones mágicas:

1. **Catarsis emocional:** Tener un hombre en el que llorar, alguien que entiende tu agotamiento sin juzgarte.

2. ***Benchmarks* reales:** Saber cómo otros estructuran sus equipos, qué métricas siguen, qué herramientas usan.

3. **Artefactos compartidos:** Desde un modelo de contrato hasta un *playbook* de ventas. No para copiarlos, sino para adaptarlos y ahorrar tiempo.

He mencionado anteriormente a la red de emprendedores de **Endeavor**,[2] con alcance global, que es otra red de pares de confianza espectacular para compartir altibajos y apoyarse en la trayectoria.

---

2. https://spain.endeavor.org/.

Emprendedores de Chamberí Valley, 2020. Imagen editada con Gemini.

He formado parte de la familia de Endeavor España desde el principio, en casi todos los roles: de emprendedor a mentor, hasta incluso convertirme en el primo lejano de Adrián García-Araños. Mentorizar a emprendedores es una de mis mayores alegrías. Compartir aprendizajes y batallitas de perro viejo desde las trincheras me da energía, propósito y satisfacción. A veces también duele un poco, porque los emprendedores son bastante cabezotas y no siempre siguen mi consejo, lo cual, siendo sinceros, suele ser una decisión bastante inteligente. Los emprendedores de la red me han enseñado muchísimo más de lo que yo podré devolver jamás.

Utilizando de nuevo la metáfora del esquí, que me viene a la cabeza recordando los estupendos viajes de esquí con emprendedores que Endeavor organiza cada año a Andorra, sé lo que es plantarte al borde de una pendiente con miedo en el estómago, tener pares de confianza es como tener a alguien delante en la pista que ya se tiró y te grita: "¡Vamos, que se puede!". Ver su trazada te da valor. Y, poco a poco, pierdes el miedo y coges velocidad.

En un mundo donde todos aparentan tener todo bajo control, tener un espacio donde reconocer que no lo tienes es liberador. Y, paradójicamente, eso te fortalece como líder. En este viaje, los pares de confianza son tus compañeros de descenso. No te quitan la dificultad de la pista, pero te ayudan a afrontarla con menos soledad y más aprendizaje.

MITOS Y VERDADES

- Emprender es muy solitario. Los pares de confianza son una red de apoyo y aprendizaje real.

- Sirven como catarsis emocional, *benchmark* operativo y repositorio de artefactos compartidos.

- Ver a alguien más "tirarse por la pista" te da coraje para seguir.

HITOS Y RITOS

☐ Encuentra personas en un estadio de desarrollo emprendedor similar al tuyo y con los que puedas tener afinidad personal.

☐ Trata tu red como un activo operativo. Sin cadencia, reglas y métricas, es un café; con ellas, es una ventaja injusta. Crea un grupo de WhatsApp y un repositorio de documentos compartido.

☐ Crea un archivo compartido con tus pares de confianza en el que compartáis vuestras herramientas y aprendizajes. Aquí tienes un ejemplo.

¿Cuáles son los hitos y ritos que mejor te funcionan a ti que encajan con este capítulo? Entra en la comunidad y comparte con otros tu experiencia, al tiempo que encuentras más documentos que funcionan para otros.

https://latido.emprenderagolpes.com/.

CONCLUSIÓN

AL FINAL,
TODO
VA DE
PERSONAS

La cultura se come a la estrategia en el desayuno.

—Peter Drucker

D espués de tantos capítulos hablando de visión, cadencia, KPIs, artefactos e incluso de la importancia de encontrar tu némesis, podría parecer que una startup es una máquina de gestión sin alma. Pero, si has llegado hasta aquí, habrás entendido que el sistema operativo no es el *framework*, sino la combinación viva de personas, cultura, decisiones y ritmo.

Lo aprendí a golpes en estos años. A veces, creyendo que el problema era de producto o de mercado y descubriendo que era de dinámicas de equipo. Otras, obsesionándome con procesos, cuando lo que faltaba era confianza. O, peor aún, pensando que yo debía tener todas las respuestas y dándome cuenta de que mi verdadero trabajo era ser el jefe que me gustaría tener.

No sé si el liderazgo es una cualidad innata, pero sí que creo que las experiencias vividas, el esfuerzo y el aprendizaje del ejemplo de otros nos puede ayudar a tener esa doble mirada simultánea, atendiendo el detalle individual sin perder de vista el conjunto total, como decía Hilaire Belloc en su libro *Characters of the Reformation*:

"Hay un elemento en el [gobierno de los hombres] que es absolutamente esencial, y cuya posesión es un don, como el don del verso o tener 'ojo' en un deporte. No se puede pedir en oración. No se puede adquirir. Es concedido por poderes invisibles. [...]. Consiste en una mezcla de apreciación del detalle y de la visión de conjunto; porque, cuando se combinan esas dos facultades, la facultad de ver al individuo y la facultad de ver el todo, aparece el genio del timonel humano, una forma de genio tan rara como cualquiera que exista entre los hombres".

He escrito este libro desde la convicción de que los *frameworks* son útiles, pero lo que de verdad mueve la aguja son las relaciones humanas, el coraje de dar *feedback* honesto, la humildad de pedir ayuda, la empatía para entender a tu equipo, la confianza para dejar que alguien se equivoque sin hundirse.

Si algo espero que quede claro es que no existe un sistema operativo universal para todos los emprendedores. Lo que hay son principios, herramientas, anécdotas, aprendizajes... que cada fundador debe adaptar a su propio viaje. No existe una talla única, hay que ajustarla con rapidez y de manera iterativa con el tiempo. Y no he encontrado un conjunto de sistemas válidos para todos; depende de los fundadores, la industria, etc.

Construir una empresa es como un videojuego donde cada nivel es más difícil que el anterior. Lo que te servía en el nivel 1 ya no vale en el nivel 5. Y no hay atajos mágicos, dice Ben Horowitz, "no existe una bala de plata; solo hay balas de plomo", solo nos queda la perseverancia inteligente, una visión clara, una cadencia constante y la humildad de rodearte de buenos pares de confianza.

Recuerdo mis paseos por Nueva York con mi amigo Luis Sanz, en su momento COO de **Olapic**, ahora CEO de **CARTO**, ¡qué de vueltas da la vida! Yo le contaba lo mal que lo estaba pasando con mi equipo de 30 personas entre Madrid y Nueva York con tantas cosas por hacer y él me miraba y me decía: "No te imaginas lo duro que será cuando tengas 100 personas en el equipo. ¡Nosotros sí que sufrimos!". Y a los seis meses volvíamos a vernos y yo le decía: "Tenías razón, es terrible, somos 100 y todos los fuegos se multiplican". Y él me decía: "Pues eso no es nada, ya verás cuando seáis 200, ahí sí que te faltan respuestas y es como un tsunami de líos". Y así repetíamos la dinámica en cada iteración hasta que éramos unos 200 en CARTO y Luis y sus socios vendieron Olapic a Monotype.

Sus problemas siempre eran más grandes, más complejos. Era la prueba viva de que el crecimiento trae consigo nuevas capas de dificultad, pero también de que se puede aprender a esquiar pistas cada vez más empinadas.

Los villanos a los que te enfrentas, los retos con tus clientes, la evolución del producto o las tensiones en el equipo, son cada vez más poderosos y malignos en cada fase, aunque por fortuna vayas acumulando más superpoderes con tus recursos, tu equipo y aliados y, por supuesto, experiencia, durante el camino.

El viaje del emprendedor es duro y agotador, pero también es profundamente transformador. Construir algo desde cero, verlo crecer, impactar en clientes, atraer talento y verles crecer es una experiencia única.

Visitando oficinas de CARTO en NYC con Luis y Jaime, 2019.
Imagen editada con Gemini.

Este libro no puede darte recetas cerradas, pero espero que sea una brújula, un compañero de viaje, una invitación a reflexionar y a experimentar. Si algo pretendo que recuerdes es esto: no son los procesos, ni siquiera los inversores o los clientes los que hacen que una startup prospere. Son las personas. Siempre las personas.

Cuídalas, escúchalas, confía en ellas, dales el espacio y las herramientas, incluso el permiso para que sean su mejor versión. Y, con un poco de suerte y mucho trabajo, lograrás que tu compañía encuentre su propio sistema operativo y su lugar en el mundo.

Llegarás a un momento en que, de pronto, lo imposible se vuelve inevitable. Los capitanes *a posteriori* mirarán atrás y dirán que tu éxito era obvio, como si no hubiera sido construido paso a paso, con sudor y lágrimas compartidas, en aquellas noches sin dormir, en las que te lo cuestionaste todo.

¡Disfrútalo y muchísima suerte!

LOS ARTEFACTOS Y HERRAMIENTAS

Para construir y desarrollar una startup, la visión, los valores y la comunicación son fundamentales. Pero, sin mecanismos tangibles, esas ideas corren el riesgo de quedarse en frases bonitas en la pared o en la cabeza de los fundadores.

Ahí entran en juegos los artefactos, esos hitos, rituales, documentos, contenidos y repositorios de documentación que hacen operativa la estrategia y la cultura. No son elementos burocráticos, son palancas de eficiencia, estructuras que permiten escalar sin perder el alma. Son "objetos culturales" que convierten la teoría en práctica y que, bien diseñados, son recordados años después como las herramientas que sostuvieron el crecimiento porque se quedan tatuados en la memoria.

He intentado listar en este anexo aquellos que me han sido más valiosos en mi carrera con ejemplos y modelos que puedas utilizar, visita `latido.emprenderagolpes.com` para descargar algunas plantillas, pero no olvides que siempre será necesario que los adaptes para hacerlos tuyos, porque cada organización es un animal muy diferente. Y espero que me recomendéis vuestros propios artefactos y documentos que os funcionan mejor, para enriquecer al ecosistema y devolver a la comunidad.

1. LA PRESENTACIÓN TRIMESTRAL DEL CONSEJO

"Después de asistir a cientos de consejos de administración como emprendedor e inversor, tengo que concluir que la mayoría son un desastre y no aportan mucho valor, cuando no lo destruyen", opina Fred Destin, fundador de Stride.vc, que tienen un NPS de fundadores de -36, así que los datos lo corroboran.

Fred da algunos consejos interesantes para manejar *boards* que sean realmente útiles. El primero es enfocarse antes de empezar en "¿cuál sería un gran resultado de esta reunión?", y no dejar de mencionar lo que llama "elefantes, peces muertos y vómito", un concepto que se parece a lo bueno, lo feo y lo malo y que ha tomado de **Airbnb**.

Se refiere a dedicar tiempo para hablar de lo que no se está diciendo libremente (elefantes), los problemas del pasado que siguen latentes una vez tras otra (peces muertos) y las frustraciones más crudas e inmediatas (vómito), con el fin de evitar que los problemas se enquisten.

Y me gusta que esas reuniones se enfoquen más allá del debate, al desbloqueo de temas fundamentales, de modo que todos los miembros del consejo estén muy presentes en la conversación y con un espíritu de ayuda. Debo decir que, para eso, es importante limitar el número de asistentes, porque con más de 6-7 personas en la mesa es imposible evitar el efecto "auditorio" y que el *board* se convierta en una charla motivacional.

En cuanto una empresa empieza a organizar reuniones de consejo, una de las primeras dudas suele ser cómo construir el *board pack*: el material que se envía a los consejeros antes de la reunión. ¿Qué debe incluir? ¿Dónde conviene enfocar el tiempo? ¿Qué estructura funciona mejor?

El *board deck* no es un simple informe, sino una herramienta clave para:

- Dar estructura a la reunión, evitando que se convierta en una sucesión de actualizaciones interminables.

- Documentar el estado de la compañía, de forma clara y honesta.

- Impulsar discusiones y decisiones que el equipo gestor necesita que el consejo tome.

En definitiva, el objetivo es despejarle el camino al CEO, asegurando que sale de cada reunión con el respaldo, las decisiones y la claridad que necesita para ejecutar. Más que un informe, debe ser una narrativa estratégica. Resume el progreso, los retos y las *asks* al consejo: KPIs clave, producto, hitos y bloqueos.

Bien dirigida y ayudándote de las diapositivas como hilo conductor, te permite alinear a inversores y equipo directivo, anticipar debates clave y convertir datos en un relato, no solo en tablas. Por eso, un buen *board deck* debe ser claro, visual, breve. Nadie recuerda 60 *slides*, pero sí tres mensajes bien planteados.

El fondo de inversión Creandum, uno de los mejores de Europa, compartió en su momento un *template* buenísimo para *board meetings*,[1] que yo he adaptado ligeramente para incluir algunos temas que hemos comentado en el libro y que siempre me han sido de gran utilidad.[2]

2. EL *UPDATE* MENSUAL DE INVERSORES

Como vimos en el capítulo 10, el *monthly report* para inversores es una de las herramientas que más confianza genera. Una estadística menciona que el 70 % de los inversores no contesta a los *updates* mensuales de los emprendedores y me parece terrible. Aunque, considerando la cantidad de información que recibes como inversor en un fondo (o fondos) con un portafolio de más de 40 o 50 compañías (por no decir 800), puede ser cierto. Pero también puede ser que ese terrible dato tenga que ver con cómo está redactado el informe.

---

1. https://creandum.com/stories/creandum-board-deck-template/.

2. *Board meeting template*: https://latido.emprenderagolpes.com/.

Después de sufrir muchas horas a principio del mes siguiente delante del Word en blanco para escribir algo que tuviera sentido, me di cuenta de que el informe a inversores no es algo que debas evitar, sino que puedes llegar a disfrutarlo.

Usa ese momento para reflexionar sobre dónde está tu proyecto, hacia dónde va y déjate embriagar por el privilegio de poder compartir tus éxitos y fracasos con compañeros de viaje que están ahí para ayudarte.

A mí me ayudaba a entender qué hitos habíamos conseguido durante ese mes. Y releer los informes anteriores antes de comenzar a redactar uno nuevo permite entender qué le preocupaba al Miguel del pasado, para ayudar al Miguel del futuro a llegar al siguiente paso, entendiendo cuándo empiezas a irte *off course* y necesitas corregir el rumbo con acciones estructuradas.

Aprovecho para compartir algunos consejos a la hora de encarar los informes de inversores:

1. La cadencia y disciplina es fundamental. No puedes perderte ni un solo mes, y aplica una plantilla para que te sea más fácil centrarte en el contenido y no en la forma. Además, será más sencillo comparar la información y tendencias con informes pasados.

   Si un emprendedor me envía el *update* después del día 20 del mes siguiente, si esas fechas van cambiando de manera aleatoria cada mes o si no lo envía directamente, ¡me parece una señal de peligro!

2. "Lo bueno, si breve, dos veces bueno". Vete al grano, mantén la estructura y no te preocupes mucho del estilo, aunque se agradece que transpire energía positiva (los emprendedores deben ser optimistas enfermizos). Me gusta leer los informes de Héctor de Shakers o de Dani de Zynap, porque no esconden los retos, pero te dejan un buen sabor a intenso *company building* para empezar la mañana.

3. Céntrate en hablar del negocio. Si solo hablas de apariciones en prensa, de los eventos en los que participas, los premios conseguidos o las nuevas funcionalidades del producto y no me hablas de ventas, me preocupo.

Y aprendí con el tiempo que lo que preparas para los inversores puede y debe reciclarse para el equipo. La transparencia externa empieza siempre dentro.

MODELO DE *UPDATE* MENSUAL

1. Resumen ejecutivo:

Un resumen o TL:DR que lleve solo un par de minutos de lectura y que permita entender cómo ha ido el mes antes de entrar en todos los detalles, con la apreciación del equipo gestor de cuál es el sentimiento general (por qué ha sido un buen mes, o un desastre).

2. Métricas clave:

2.1. Uso del producto

2.2. Finanzas

ARR:

Caja:

Burn rate:

Runway:

2.3. Evolución del ARR

Nuevos logos:

Expansión:

Churn:

Contracción:

3. Actualizaciones de producto

4. Actualizaciones de Ventas y Marketing:

4.1. *Pipeline*

5. Actualización de company building:

Resume en positivo con un objetivo claro para el mes.

6. Peticiones para inversores:

Con claras peticiones con nombres y apellidos de tus inversores, porque el *peer shaming* ¡funciona! Diles qué intro necesitas con qué persona en una gran corporación, y ayúdales con el tipo de correo que tienen que mandar y la info que incluir (*deck* comercial, etc.). Lo mismo para contrataciones, intros con inversores, etc. Siempre en modo *hustle,* y que no te dé vergüenza perseguirlos después para que hagan lo que necesitas.

3. EL *DASHBOARD* DE KPIS

El cuadro de mando es la brújula diaria. No hace falta que tenga 100 métricas, mejor 5 a 10 que de verdad guíen la operación.

Un buen *dashboard* se actualiza en tiempo real, es accesible a todo el equipo con transparencia y se puede también compartir con los inversores y cuenta una historia (tendencias, no solo números fijos que no permiten entender la evolución de la empresa). Un KPI sin cadencia de revisión es ruido, pero un objetivo ligado a un pilar estratégico es oro.

No hace falta utilizar complejas herramientas de *business intelligence* para crear un gran *dashboard*. Incluso una hoja de Excel o Google Sheet, actualizada a tiempo real o con una cadencia suficiente, puede servir.

A partir de 40-50 empleados, creo que es una buena inversión contratar a un responsable de *data operations* que sepa de negocio pero que también se maneje con APIs, para conectar distintos sistemas en un solo cuadro de mando. Así puedes tener los datos cuándo y cómo los necesitas y evitas que la complejidad creciente de herramientas (CRM, ERP, *product usage*) te ofusque entender lo que está pasando realmente. Además, garantizarás que haya un responsable de que las fuentes estén bien conectadas y los datos se actualicen con la cadencia más conveniente para tu estadio.

4. EL ORGANIGRAMA

El organigrama no es burocracia, sino que transmite claridad. En estructuras que cambian rápido, actualizarlo semanalmente evita confusión y acelera la integración.

Debe ser accesible por todo el equipo e incluir roles y líneas de reporte. Creo que es interesante añadir una frase bajo cada perfil que diga por qué debes contactar a esta persona: "Contacta a X si necesitas ayuda con Y". Aún mejor, si puedes incluir para cada puesto, como dice Hughes Johnson en *Scaling people*, un "documento sobre cómo trabajar conmigo", que sirva como guía sobre aspectos como el enfoque operativo, el estilo de gestión y las preferencias de comunicación de cada individuo. El mío, inspirado en el de Hughes Johnson, podría ser:

GUÍA PARA TRABAJAR CONMIGO - MIGUEL ARIAS

Antes de nada, estoy encantado de trabajar con vosotros. Mi objetivo es que avancemos rápido, con propósito y con humanidad. Me importan los resultados, pero también cómo los conseguimos.

Enfoque operativo

- Me gusta avanzar rápido, con claridad y propósito. Prefiero un 80 % hecho a tiempo que un 100 % perfecto y tarde.
- Doy autonomía total si hay contexto y responsabilidad, pero espero resultados y mi nivel de exigencia es alto.
- 1:1 quincenales, con un documento compartido donde registrar temas, decisiones y aprendizajes.
- Reuniones de equipo semanales, pensadas para decidir o desbloquear, no para informar.
- Planificación trimestral, con buen trabajo previo y seguimiento posterior.
- Si algo no aporta valor o decisión, lo simplificamos o lo eliminamos.

Comunicación

- *Slack* para lo operativo y lo que requiera respuesta rápida o conversación asíncrona. WhatsApp solo para lo muy urgente.
- Email para tareas o temas que requieran reflexión o que deba abordar más adelante (lo trato como mi lista de pendientes y nunca borro un correo sin pensar).
- Reuniones solo si hay una decisión que tomar y con poca gente.
- Mensajes claros, breves y con *next step*.
- Si tardo en responder, recuérdamelo sin problema: prefiero insistencia a silencio.
- Prefiero más comunicación a menos, siempre con foco en el contexto y en el aprendizaje compartido.

GUÍA PARA TRABAJAR CONMIGO - MIGUEL ARIAS

Liderazgo y trabajo conjunto

- Confío en la gente y espero el mismo compromiso que doy yo.
- Doy *feedback* directo, sin adornos pero con respeto, y espero lo mismo a cambio.
- Valoro la iniciativa, la honestidad y el aprendizaje continuo.
- Me gusta celebrar los logros y reconocer el trabajo bien hecho, especialmente cuando alguien del equipo sobresale o aprende de un error.

Cómo tomo decisiones

- Me baso en datos y criterio, no en jerarquía.
- Si algo es incierto, prefiero probar y aprender antes que debatir sin acción.
- Soy colaborativo: me gusta debatir ideas, ver opciones y tomar decisiones bien informadas.
- Si necesitas una respuesta rápida, dímelo claro y decidiré con la información disponible.
- Soy un poco microgestor, si me paso, dímelo porque me implico más al inicio de un proyecto para entenderlo, pero puedo delegar más con confianza.

Expectativas y resultados

- Cumplir compromisos me importa mucho, si un plazo cambia, renegociémoslo antes, no después.
- Odio las sorpresas de última hora, por favor, anticipemos los problemas juntos.
- Mido resultados con claridad y me gusta ver progreso, no actividad.
- Valoro que prioricemos bien: no todo es urgente ni todo es importante.
- Prefiero ver versiones en curso antes que productos terminados tarde.

GUÍA PARA TRABAJAR CONMIGO - MIGUEL ARIAS

Feedback y desarrollo

- Me gusta darlo y recibirlo. Prefiero la franqueza al silencio incómodo.
- Habrá sesiones semestrales de *feedback*, *check-ins*, pero también comentarios continuos.
- Si escucho algo sobre ti, te lo diré directamente: no me gusta la comunicación en tercera persona.
- Me importa tu desarrollo profesional y personal, me comprometo a que crezcas, no solo que cumplas.

Cultura y humor

- Creo en la excelencia sin rigidez. Trabajar conmigo implica ritmo, exigencia y ambición, pero también humor y confianza.
- Puedo tener malos días y me verás de peor humor, se me refleja bastante por mucho que trate de evitarlo, pero siempre estaré encantado de ayudarte igualmente con lo que sea.
- El trabajo bien hecho debería sentirse bien.
- Me encanta tomarme un buen vino y charlar de cosas más allá del trabajo y formar parte de una tribu.

Un buen organigrama es también un artefacto de cultura: dice:

"Aquí no hay secretos, todos sabemos cómo encajamos".

5. *CHECK LIST* DE *ONBOARDING*

Es la carta de bienvenida al modo de hacer las cosas de tu organización. Sirve para que los nuevos se sientan parte desde el minuto uno.

Podría incluir:

- Una conversación 1:1 con cada uno de los fundadores para transmitir: la historia, la misión, la visión y los valores.

- Expectativas de rol y plan de 30-60-90 días.

- Recursos y herramientas prácticas.

- *Buddy* o mentor asignado.

Un *onboarding* sólido reduce la rotación, acelera la productividad y transmite orgullo de pertenencia.[3]

6. MANUAL DEL EMPLEADO

Aquí no hablamos de "políticas internas", sino de expectativas claras. Cuanto más creces, más necesario se hace y se trata de un documento vivo, así que lo puedes tener en una wiki, intranet o página de Notion interna e ir actualizándolo cada 6-12 meses.

Creo que debería contener:

- Nuestra historia, por qué hacemos lo que hacemos.

- Cultura y valores.

- Cómo pensamos, principios.

- Cómo trabajamos.

- Algunas referencias a rituales internos.

- Políticas de empleo y beneficios.

---

3. *Onboarding checklist template*:
https://latido.emprenderagolpes.com/.

- Conducta, ética y diversidad.

- Cómo fichamos.

- Uso de recursos, IP y confidencialidad.

Bien planteado, ayuda tanto a la empresa como al empleado. Y evita que los conflictos y malentendidos se conviertan en incendios.

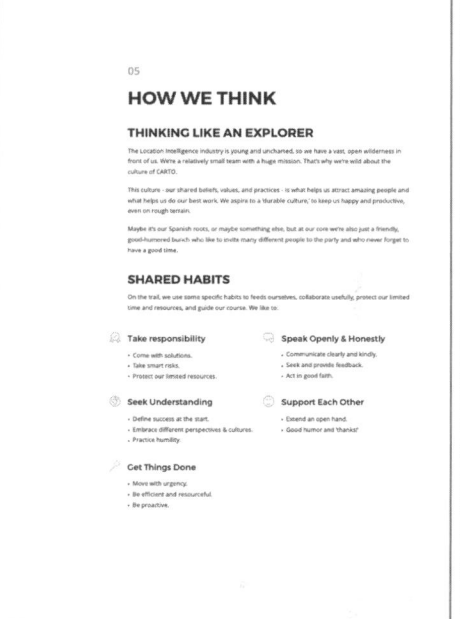

Manual de empleados en CARTO.[4]

Como anécdota, el mejor consejo que he escuchado para la política de viajes vino de Pascal, *head of Operations* de Datadog en Nueva York. La verdad es que era muy simple:

> "Si te diera vergüenza que publiquen tus gastos de viajes en la wiki interna, no hagas ese gasto".

---

4. https://latido.emprenderagolpes.com/.

Nosotros lo adaptamos así para **K Fund**:

"Nuestra filosofía sobre gastos y viajes es sencilla: actúa siempre en el mejor interés de K. Gasta el dinero de K con austeridad, como si fuera tu propio dinero. Este enfoque se aplica a todo: desde comprar cuadernos nuevos hasta contratar proveedores o reservar vuelos. La regla principal, en caso de duda, es que nunca deberías sentir vergüenza si cualquiera de tus gastos se publicara en esta página de Notion".

7. *CHECK-INS* SEMESTRALES. *FEEDBACK*

Son conversaciones estructuradas manager-empleado que van más allá de los objetivos porque hablan de desarrollo, aspiraciones y bienestar.

El *feedback* no debe ser un ritual anual. Para mí es un artefacto continuo que refuerza confianza y *engagement*. Me gusta llamarlos *check-ins* y no *reviews,* para quitarles esa carga de evaluación que no ayuda a que se pueda compartir de manera relajada cómo se puede trabajar mejor. No tengo estructuras complejas, pero intento cubrir estas preguntas y en este orden:

- ¿Cómo te has visto estos últimos seis meses?
- Cómo te he visto yo (*highlights y lowlights*). Puntos de mejora y puntos de celebración.
- Próximos pasos. En qué fijarse estos próximos seis meses.
- ¿Cómo me ves tú?

Me gusta que no solo hablemos de los objetivos de la compañía o del área concreta, sino también de metas de crecimiento personal de cada individuo, para que puedan ir asumiendo más responsabilidades en el futuro.

Comentamos en su momento cómo Hughes Johnson aplica el principio de que los directivos deben animar a sus subordinados a "decir aquello que ellos creen que no se puede decir". Importante matiz, el que se trata de la percepción de lo que un empleado cree que es tabú en la organización y entender de dónde viene ese condicionamiento. Al poner sobre la mesa los temas que suelen evitarse, les quitamos toxicidad, los convertimos en parte del espacio común que nos conecta y sobre el que es posible trabajar juntos.

8. *TOWNHALL MEETINGS*

Según las compañías, lo llaman *all-hands o townhall*. Se trata de una reunión de toda la empresa para alinear mensajes, que todo el mundo esté informado de las iniciativas dispersas y, sobre todo, para celebrar en la plaza pública los avances del mes. Creo que uno cada mes o como mucho cada dos semanas es suficiente para evitar saturaciones. No olvides que estás utilizando el tiempo de todo el mundo y, a medida que crezcas, el coste horario aumenta muchísimo. Así que agenda estas reuniones con cautela y con atención, pero no dejes de celebrar a los empleados que han realizado tareas o logros extraordinarios.

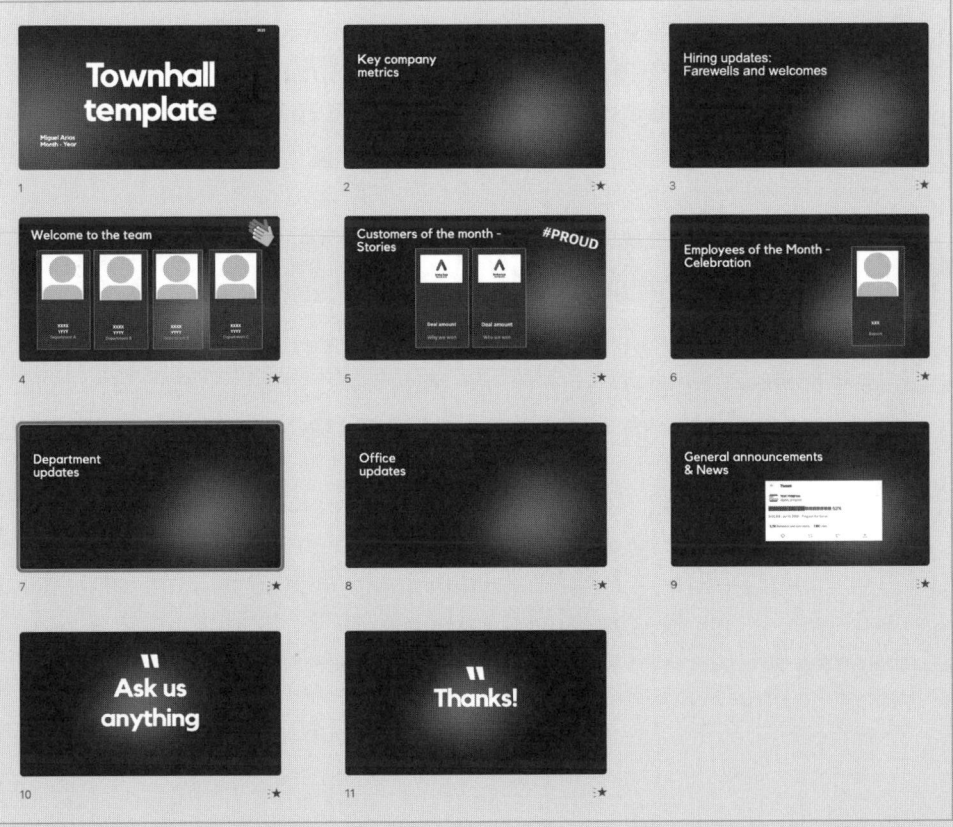

No hace falta dedicar un tiempo excesivo a preparar la reunión cada mes, pero, si van a ser meros trámites y dar una imagen de desorden y descuido a toda la compañía, mejor no lo hagas. Me ha ido bien en el pasado seguir un esquema que se repita y en el que los responsables de cada área puedan cubrir parte de las comunicaciones. Es fundamental que incluyan tiempo suficiente para hacer preguntas por el equipo y se establezca ese diálogo de confianza.

9. LA WIKI

Una intranet que sirva como repositorio de la información que toda la empresa debe tener a golpe de un clic o un *prompt* es algo que debes empezar a construir desde el principio. Puede ser un simple Google Drive o Dropbox para empezar, o una serie de páginas de Notion, pero con el tiempo puedes dedicarle algo de tiempo y crear unas páginas internas más cuidadas.

Debe ayudar a conectar a todos los empleados, para saber qué hacen, qué les gusta en su tiempo libre y cómo trabajan. Les tiene que servir para compartir información y anécdotas más allá del mail o el *slack* y generar serendipia que refuerce los vínculos entre compañeros sin recargarse de información innecesaria.

10. EL MODELO FINANCIERO

No creo que el modelo financiero deba convertirse en una biblia incuestionable, porque las condiciones de mercado y las hipótesis de partida cambian casi a diario en una compañía en alto crecimiento. Pero tener un plan para los siguientes dos o tres años, junto con una lista coherente de cuáles son los *drivers* necesarios para que se cumplan esos números, es un ejercicio más que necesario. Entender que el aumento del ACV en un 50 % es condición necesaria para el crecimiento, o que servir a un 10 % del mercado accesible de clientes con márgenes del 25 % es lo mínimo para garantizar que sobrevives al año tres en tu negocio, es algo que no puedes obviar mientras creces.

Como inversor, desconfío de emprendedores que no saben explicarme los grandes caladeros de su crecimiento, los potenciales riesgo de gasto y las *unit economics*, y espero no encontrarme errores de bulto en su modelo financiero.

Por otro lado, espero que sean capaces de responder con claridad a la pregunta de qué van a hacer y con qué recursos durante los siguientes 12 meses. Si no tienen claridad y cabeza para manejar el corto plazo, ¿cómo es posible confiar en el medio y largo plazo?

El modelo financiero no es el objetivo final, pero es un medio muy útil para crear disciplina de ejecución en el día a día.[5]

11. LA CULTURA COMO ARTEFACTO

Cito el término "cultura" más de cincuenta veces en este libro, porque es algo que tiene una importancia capital para mí. Ya habréis visto que no me refiero a esas frases grandilocuentes en la pared ni *puffs* de colores ni cerveza gratis. Me enfoco en cómo se toman las decisiones, qué se premia, qué se tolera y qué no. Se manifiesta en que las decisiones pueden tomarse rápido, sin diez capas de aprobación.

Y la verdad es que hay una gran parte del engranaje cultural de una organización que no se ve a simple vista, que está implícito y no escrito por ningún lado. Ser capaz de entender la cultura que no se comunica pero que está presente en cada esquina es una habilidad fundamental de un COO, que precisa de una observación pausada y humilde y de una gran capacidad de empatía y adaptación. Casi imagino ahora a Jane Goddall sentada pacientemente durante días y días junto a sus chimpancés, para entender sus ritos.

Indagar en las incoherencias entre el mensaje escrito, lo que se dice en un *off-site o all-hands* y lo que ocurre en realidad cuando exploras los incentivos económicos reales o los motivos de ascenso y crecimiento de los miembros

---

5. https://latido.emprenderagolpes.com/.

del equipo es una tarea a la que merece dedicar tiempo y esfuerzo. Y la lucha contra esas disfunciones evitará conflictos *a posteriori* que, si no se tratan a tiempo, siempre desembocan en "lo feo".

Y, lo más importante, la cultura no se cuenta, se vive. Duele, exige disciplina diaria y es la base de cualquier artefacto porque no es estática y siempre se está poniendo a prueba. Como dice Ben Horowitz en su libro *What you do is who you are*, en el estamento militar se dice:

> "Si ves algo que se está haciendo por debajo del nivel de calidad estándar esperable y no haces nada al respecto, de facto acabas de establecer un nuevo estándar".

Y eso es totalmente válido para la cultura, si ves algo que no sigue tus principios, valores y la barra de excelencia que pretendes establecer y lo ignoras, acabas de crear una nueva cultura.

En las grandes corporaciones, la estructura puede convertirse en una losa que dificulta la innovación, para convencer a un comité, gastas la energía que deberías invertir en probar tu idea con clientes en la calle. La cultura tiene por tanto una carga emocional. Los fundadores pivotan porque se ahogan, porque no hay caja y porque necesitan sobrevivir. Esa visceralidad rara vez existe en una corporación, donde reconocer que tu proyecto no va a ningún lado, pero, aún así, apostarlo todo con el agua al cuello cuesta carreras.

El ser humano se agarra a los mitos, porque le permiten construir relatos para enfrentarse a los problemas y eso también ocurre en las organizaciones informales que son las startups. Como COO es importante ayudar a la organización a definir cuáles son esos mitos, esa narrativa y esas historias que los viejos del lugar cuentan en los *retreats* anuales. Y lo mismo sucede con los ritos y las cadencias, con ese pulso vivo que marca el paso diario.

La cultura son los reflejos, cuando alguien dice: "Esto ya lo probamos hace 10 años y no funcionó", cuando se elige el "catering Mallorca" en vez del "catering Manolo" para evitar ser despedido si algo sale terriblemente mal. La cultura es lo que define si innovas o te enquistas.

Los artefactos que hemos descrito anteriormente son la capa tangible del sistema operativo. Sin ellos, los valores y la visión se diluyen en el caos. Con ellos, la organización gana claridad, foco y cadencia.

Jose María y yo "tatúandonos" la cultura de Wayra en la piel, 2020.
Imagen editada con Gemini.

Pero nunca olvidemos que todos estos artefactos son solo herramientas. Un *dashboard*, un *onboarding* o un manual vacío de propósito se convierte en burocracia sin alma. Lo que realmente define su poder es la cultura que los envuelve, que fomente la experimentación, premie la asunción de riesgos inteligentes y ponga siempre a las personas en el centro.

Los artefactos son los huesos, la cultura es la sangre y las personas son el corazón de ese animal que es tu compañía.

Definiciones y acrónimos

ABM (*Account-Based Marketing*): Estrategia de marketing enfocada en cuentas clave.

ACV (*Annual Contract Value*): Valor anual de un contrato con un cliente.

AE (*Account Executive*): Ejecutivo de cuentas, responsable de cerrar ventas.

All-hands: Reunión general de toda la empresa donde se comparten actualizaciones importantes, objetivos y resultados.

ARR (*Annual Recurring Revenue*): Ingresos recurrentes anuales.

Ask: Petición o solicitud concreta (usada con inversores o *stakeholders*).

Board deck: Presentación ejecutiva para el consejo de administración.

Board pack: Documentación enviada antes de una reunión de consejo.

Buddy: Compañero asignado a un nuevo empleado para facilitar su integración.

Burn rate: Velocidad de gasto mensual de efectivo.

Cap table (*capitalization table*): Tabla de capitalización: muestra la propiedad accionarial.

Cash runway: Tiempo que una empresa puede operar antes de quedarse sin efectivo.

CEO (*Chief Executive Officer*): Director ejecutivo. Máximo responsable de la empresa y de su estrategia general.

Chief Psychologist: Figura centrada en el bienestar emocional, cultura organizativa y desarrollo psicológico del equipo.

CI/CD (*Continuous Integration/Continuous Deployment*): Integración y despliegue continuos en desarrollo de software.

COI (*Cost of Inaction*): Coste de no actuar o de retrasar decisiones.

COO (*Chief Operating Officer*): Director de operaciones. Supervisa la ejecución diaria del negocio y coordina las áreas internas.

***Company building*:** Proceso de crear, estructurar y hacer crecer una empresa desde sus primeras etapas hasta su madurez.

CPO (*Chief Product Officer*): Director de producto. Responsable de la visión, estrategia y desarrollo del producto o servicio.

CRM (*Customer Relationship Management*): Sistema de gestión de relaciones con clientes.

CRO (*Chief Revenue Officer*): Director de ingresos.

CS (*Customer Success*): Área de éxito del cliente.

CSM (*Customer Success Manager*): Responsable de éxito del cliente.

CTO (*Chief Technology Officer*): Director tecnológico. Lidera la estrategia y ejecución técnica e innovación de la empresa.

***Dashboard*:** Cuadro de mando con métricas clave.

***Deck*:** Presentación de diapositivas, normalmente para inversores.

DevOps (*Development Operations*): Prácticas que combinan desarrollo y operaciones técnicas.

***Dual-track discovery*:** Metodología de producto que combina exploración y ejecución simultánea.

EOS (*Entrepreneurial Operating System*): Marco de gestión empresarial con procesos estandarizados.

FP&A (*Financial Planning and Analysis*): Planificación y análisis financiero.

***Growth*:** Estrategias y tácticas para el crecimiento acelerado.

***Head of Ops* (*Head of Operations*):** Responsable de operaciones.

HR (*Human Resources*): Recursos humanos.

IC (*Individual Contributor*): Profesional sin rol de gestión, especializado en ejecución.

ICP (*Ideal Customer Profile*): Perfil de cliente ideal.

IP (*Intellectual Property*): Propiedad intelectual.

IPO (*Initial Public Offering*): Salida a bolsa.

KPI (*Key Performance Indicator*): Indicador clave de rendimiento usado para medir el progreso hacia un objetivo.

Lead: Contacto o cliente potencial en el embudo de ventas.

Log: Registro detallado de actividades o eventos.

Lowlight/Highlight: Aspectos negativos/positivos de un periodo o proyecto.

MRR (*Monthly Recurring Revenue*): Ingresos recurrentes mensuales.

NRR (*Net Revenue Retention*): Retención neta de ingresos.

Onboarding: Proceso de incorporación de nuevos empleados.

Output/Outcome: Resultado de una tarea/impacto logrado.

Partner: Socio o colaborador estratégico.

Perk: Beneficio o incentivo no salarial.

Pipeline: Canal o flujo de oportunidades comerciales.

PM (*Product Manager*): Responsable de producto.

PR (*Public Relations*): Relaciones públicas.

Pre-mortem: Técnica de gestión de riesgos en la que el equipo imagina el fracaso del proyecto para anticipar causas y prevenir errores.

Product-market fit: Momento en el que un producto satisface claramente una necesidad del mercado, generando demanda natural.

QBR (*Quarterly Business Review*): Revisión trimestral del negocio.

QA (*Quality Assurance*): Control de calidad.

R&D (*Research and Development*): Investigación y desarrollo.

RevOps (*Revenue Operations*): Coordinación de marketing, ventas y éxito del cliente.

Rock (*EOS term*): Objetivo clave trimestral.

Runway: Tiempo de caja disponible antes de necesitar nueva financiación.

Sales rep: Representante de ventas.

Scaleup: Empresa innovadora que supera los 50 empleados o los 10 millones de euros de facturación, y crece más del 20 % anual o ha levantado más de 3 millones de euros de VC.

SDR (*Sales Development Representative*): Representante de desarrollo de ventas, enfocado en generar *leads*.

Seed/Pre-seed/Series A/B/C: Etapas de financiación de startups.

Shadow/Human-in-the-loop/Auto: Etapas de madurez de agentes de IA: asistido, supervisado, autónomo.

SRE (*Site Reliability Engineering*): Ingeniería de fiabilidad de sistemas.

Stage gate: Hito de control o decisión dentro de un proceso de desarrollo.

Startup: Empresa innovadora, privada e independiente, con menos de 50 empleados y menos de 7 años, con modelo escalable y alto potencial de crecimiento.

TL;DR (*Too Long; Didn't Read*): Resumen rápido para quien no lee el texto completo.

Townhall: Reunión abierta donde los líderes responden preguntas y escuchan a los empleados.

TTV (*Time to Value*): Tiempo necesario para que un cliente perciba valor.

Update: Comunicación de estado o progreso.

VC (*Venture Capital*): Capital riesgo.

Vesting: Proceso por el que un empleado adquiere gradualmente el derecho a sus participaciones o *stock options*.

Wiki: Repositorio colaborativo interno de documentación.

Referencias y bibliografía

Arias, M. *Emprender a golpes*. Blog personal. Disponible en: `https://emprenderagolpes.com`.

Blanco, R. *Fracasar para avanzar*. Editorial Plataforma Empresa, 2022.

Bryar, C. y Carr, B. *Working Backwards: Insights, Stories, and Secrets from Inside Amazon*. St. Martin's Press, 2021.

De Mello, A. *Awareness: The Perils and Opportunities of Reality*. Image Books, 1990.

Fried, J. y Hansson, D. H. (DHH). *Rework*. Crown Business, 2010.

George, B. *True North: Discover Your Authentic Leadership*. Jossey-Bass, 2007.

Gil, E. *High Growth Handbook_ Scaling Startups from 10 to 10,000 People*. Stripe Press, 2018.

Hastings, R. y Meyer, E. *No Rules Rules: Netflix and the Culture of Reinvention*. Penguin Press, 2020.

Horowitz, B. *The Hard Thing About Hard Things: Building a Business When There Are No Easy Answers*. Harper Business, 2014.

Horowitz, B. *What You Do Is Who You Are: How to Create Your Business Culture*. Harper Business, 2019.

Hughes Johnson, C. *Scaling People: Tactics for Management and Company Building*. Stripe Press, 2023.

Lencioni, P. *The Advantage: Why Organizational Health Trumps Everything Else in Business*. Jossey-Bass, 2012.

McKeown, G. *Essentialism: The Disciplined Pursuit of Less*. Crown Business, 2014.

Ries, E. *The Lean Startup: How Today's Entrepreneurs Use Continuous Innovation to Create Radically Successful Businesses*. Crown Business, 2011.

Sacks, D. *The Cadence: How to Operate a SaaS Startup. Craft Ventures*. Medium, 2019. Disponible en: `https://medium.com/craft-ventures/the-cadence-how-to-operate-a-saas-startup-436aa8099e8`.

Sinek, S. *Leaders Eat Last: Why Some Teams Pull Together and Others Don't*. Penguin, 2014.

Sinek, S. *The Infinite Game*. Penguin Random House, 2019.

Soro, D. *Más allá de las metas: El camino hacia una vida con propósito*. Editorial Plataforma Actual, 2023.

Taleb, N. N. *Antifragile: Things That Gain from Disorder*. Random House, 2012.

Thiel, P. y Masters, B. *Zero to One: Notes on Startups, or How to Build the Future*. Crown Business, 2014.

Forcano, R. *La red de aprendizaje: Cómo liderar en la era de la inteligencia colectiva*.

Blumberg, M. *Startup CEO: A Field Guide to Scaling Up Your Business*. Wiley, 2020.

Índice de empresas

Agradecimientos

A César, Carlos, Pablo, Gus, Joan, Javi e Iñaki. Gracias por ser mis primeros lectores, por el ojo afilado y la honestidad radical de vuestras palabras. Vuestra crítica constructiva ha sido la iteración clave para transformar mis ideas en algo que se puede leer sin casco ni manual de instrucciones.

A mis equipos en Imaste, CARTO, Wayra y Kfund. A los cientos de personas con talento y una actitud inmensa que me acompañaron en cada curva, cada *lowlight* y cada celebración. Lo que haya conseguido es un triunfo colectivo; todo lo que hemos construido os pertenece más que un poco.

A los fundadores y operadores que, con generosidad desarmante, me abrieron las puertas de sus historias. Me mostrasteis vuestro sistema operativo, vuestras plantillas y artefactos y los secretos para crear compañías espectaculares en São Paulo, Bogotá, Nueva York, Valencia, Barcelona, Bilbao o Madrid. Me habéis honrado con risas, alguna lágrima y la certeza de que se pueden cambiar las cosas. Vosotros sois los dueños del futuro.

A mis socios de aventuras y desventuras. Gracias por aguantar mis obsesiones, mis prisas y mis frecuentes regresos al punto de partida. Por dejarme probar, fallar y volver a intentarlo como si fuera la primera vez, regalándome a trompicones los guardarraíles entre lo que quiero ser y lo que no.

A mis pocos jefes, que acabaron convirtiéndose en amigos, por mostrarme que liderar no va de mandar, sino de servir. De vosotros aprendí el arte del *management by service*, que no sale en los manuales pero transforma la vida de gestores y equipos.

A mis mentores, por los consejos a tiempo y también por los silencios necesarios que me obligaron a aprender a base de golpes, como debe ser. Y a todos los profesores, autores e "iluminados" que dedican su tiempo a compartir ideas, ensayos y artículos que devoro para crecer. Pido disculpas de antemano por los conceptos que, sin querer, he hecho íntimamente míos con cada vaivén de la montaña rusa emprendedora.

A mis chicas, Elena, Lotte y Alex. Por ponerme los pies en la tierra cuando me da por volar, por el humor con el que soportáis mis ausencias y por no dejar que me crea eso de que soy "un atleta en lo mío", al tiempo que me llenáis de energía cada mañana. Vosotras sois mi centro de gravedad.

Al equipo de Anaya. Por creer en mí, un autor novel alejado de su *playbook* habitual, por guiarme con paciencia y por dar la estructura y el diseño que hacen que este libro sea el manual de operaciones fácil de leer que soñé.

A mis tribus, las visibles y las subterráneas. Sabéis quiénes sois y por qué. Sin vosotros, me caería sin herencia precisa, sin cosa suave que me acoja en la caída.

A mi padre, faro. Sé que te habría encantado ser el primer lector y corrector de este libro, y estoy convencido de que habría sido mucho mejor si hubieras podido revisarlo. A mi madre, raíz. Por estar siempre en mi esquina del cuadrilátero, contra viento y marea y ser mi mejor relaciones públicas.

Sobre el autor

Miguel Arias, padre orgulloso, emprendedor en serie, inversor y ejecutivo de innovación, atesora más de 20 años de experiencia en la creación de startups tecnológicas, con presencia internacional.

Es socio en Kfund, gestora de capital riesgo con más de 600 millones de euros en activos bajo gestión, que apoya a *scaleups* que desarrollan tecnologías habilitadoras en el sur de Europa y Latinoamérica.

Miguel cofundó IMASTE, adquirida por ON24 (NASDAQ: ONTF), y posteriormente fue COO en CARTO, ayudando a escalar la compañía a nivel global. CARTO ha levantado más de 100 millones de dólares de fondos de capital riesgo como Accel Partners, Insight Venture Partners y Kibo Ventures, entre otros.

Como director global de Emprendimiento en Telefónica, redefinió la estrategia de innovación abierta del grupo y lideró inversiones en más de 150 startups a través de Wayra y Open Future.

Miguel es profesor de emprendimiento en IE University. En su vocación de mejorar ecosistemas emprendedores, cofundó Chamberí Valley, la principal comunidad de fundadores de *scaleups* de Madrid, y participa como asesor en diferentes proyectos de la Comisión Europea. También es *host* del pódcast *Close & Personal*, donde explora los valores y el crecimiento personal junto a líderes empresariales. Y escribe poesía a ratos.

Es ingeniero de Caminos, Canales y Puertos por la Universidad Politécnica de Madrid y Professional MBA por el Instituto de Empresa.

Notas